IBDP

To Win
Chinese B Listening Comprehension Skills

优胜
中文B听力基础训练

冯薇薇 编著

简体版

前言

　　"听"是人们交际活动的基本形式之一。"听"作为语言与信息的输入，是人们理解话语的重要途径，也是深入学习语言和进行言语交际的基础。听力教学在语言教学中处于极其重要的地位，在语言应用能力四个基本组成部分的"听、说、读、写"中占据首位。因此，如何提高听力始终为人们所关注。语言学习者要真正掌握一门外语，必须尽快提高自己的听力水平。

　　为了更全面地考察学生的语言接受技能，IBDP 语言 B 新大纲（2018 年开始实施，2020 年首次考试）在课程结束的考核中加入了听力理解部分。为了配合这一转变，也为了给学生提供一个贴近新大纲要求的听力训练辅助教材，笔者特意编著了这本《优胜——IBDP 中文 B 听力基础训练》。

　　本书是 IBDP 中文考试复习参考教材，按照新大纲的五大主题编写：经历与体验、身份认同、发明创造、社会组织、全球问题。每个主题各设三个章节，内容涵盖家庭生活、家居环境、休闲活动、中国传统节日、旅游、尊重与关爱、媒体通讯、网络世界、网上招聘广告、升学与未来工作、学校生活、青少年成长、环境与健康、城市与农村、共享经济等。

　　造成学生听力理解困难的因素有很多，如生词、复杂的句子结构、内容熟悉度、语速、背景杂音和语音语调的变化等。而词汇量的大小又直接影响到学生的听力理解。为此，本书列出了听力理解训练中的重点词语，并配有拼音和英文解释。本书设计的"词语巩固"板块亦可以帮助学生复习每章中的重点词语。

　　除此之外，本书还通过多项选择、判断正误、选出正确的叙述、词语填空、回答问题等多种题型，加强学生对中文的词语、句子结构及表达方式的熟悉程度，培养学生对中文的语感，提高学生对中文的即时理解速度。

　　要准确、快速地对听力理解问题做出回应，抓住问题中的疑问词是非常重要的一个环节。所以在开始听力理解训练之前，学生最好先掌握中文常见的疑问表达和相应的回答方式。为此，本书的开篇便列出了常用的疑问表达。此外，在每段听力理解训练中笔者又根据所听内容列出了一些重点疑问表达。

本书附有听力材料的录音二维码，方便学生练习听力。多听是提高听力理解能力的一种积极的手段，希望同学们在掌握了重点词语和句子结构的基础上多听、多模仿中文的发音和表达方式。这对全面提高中文水平有不可忽视的重要作用。

扫描二维码或访问网站获取全书音频
chinesemadeeasy.com/download/to-win

语言和文化是紧密相连、缺一不可的。因此，学好中文不能只局限于语言本身，还应该透过语言了解中国文化。为了让学生有机会了解更多的中国文化，笔者在每个章节后还安排了与单元话题紧密相关的"文化扩展"，并附有思考题，以培养学生的创造性和批判性思维，希望有能力的同学更上一层楼。

本书配合 IBDP 中文 B 新大纲卷二的要求，着重训练学生的听力理解能力。为了检测学生的学习成果，也为了让学生能够体验听力理解考试的实际情况，本书附赠了 SL 和 HL 各两套模拟试题。相信同学们学习完本书后能够更加有信心地去面对真正的 IB 中文考试。

扫描二维码或登陆网站获取模拟试题
chinesemadeeasy.com/techDetail.aspx?id=1134

为了方便学生自学，本书还在书后附上了练习参考答案，学生在完成练习后可以进行自我批改。

最后，祝同学们学习顺利，中文水平不断提高。

冯薇薇

Preface

"Listening" is one of the basic forms of communicative activities. As receptive skills, "listening" is an important way for people to understand and receive information told by other people. "Listening" is also the basis for communication and further study of languages. We generally say "listening, speaking, reading and writing" are the four basic components of language ability skills. However, of these four basic components, "listening" is regarded as the prime of these four skills. Therefore, how to improve listening comprehension skills has always been a priority concern for both students and teachers. To learn and master a foreign language, the language learners must improve their listening comprehension skills as soon as possible.

In order to examine the learners' language receptive skills, "listening comprehension" has been added into the course according to the IBDP Language B New Syllabus of 2018 (First exam in 2020). In order to cope with this change and also to provide students with listening comprehension teaching material, I write this *To Win - IBDP Chinese B Listening Comprehension Skills* which is based on the new syllabus.

To Win - IBDP Chinese B Listening Comprehension Skills is a workbook for IBDP Chinese B on the listening comprehension skills. The contents of this book are based on the five prescribed themes which are included in the IBDP New Syllabus of 2018 (First Exam in 2020). This book is divided into five topics: experiences, identities, human ingenuity, social organization and sharing the planet. Each topic is divided into three chapters, covering family life and personal experiences, home environment, leisure activities, festivals and traditions, travel, respect and care, media and communications, the online world, online job advertisements, further studies and future work, school life, adolescent growth, environment and health, urban and rural areas and shared economy.

There are many factors that cause students' difficulties in listening comprehension, such as new words, complex sentence structures, familiarity of content, speed of speech, background noise and accent variations. The range of the vocabulary directly impacts on students' listening comprehension skills. Therefore, the book lists out the key words which appear in the listening comprehension texts with pinyin and English definitions. The "word consolidation" section (as part of the exercises) also helps students revise the important words in each chapter.

In addition, this book also contains different type of exercises, such as, multiple choice, true or false, find the correct sentences, fill in the blanks, answer the questions, etc., in order to improve students' listening comprehension skills.

To understand the common question-words is the key to improve the listening comprehension skills, so the priority step is to learn the basic question-words and their corresponding answers before starting your listening comprehension practice. For this reason, the most common Chinese question-words are listed at beginning of the book. In addition, in each unit, I also list some key interrogative words according to the theme of the text to remind the students of the common Chinese interrogative words.

To help students practice listening comprehension, a QR code with audio texts of all the units is provided. The more you listen, the stronger your listening comprehension skills will become. Listening to the audio texts is a positive way to improve listening comprehension skills.

Scan the QR code or visit the website to get the audio.
chinesemadeeasy.com/download/to-win

Language and culture are closely linked. Therefore, learning Chinese well can not be limited to the language itself, but should also embrace Chinese culture. In order to give students the opportunity to get in touch with and learn more about Chinese culture, I have also added a short introduction on Chinese Cultural aspects which are relevant to the unit theme. To encourage students to have creative and critical thinking abilities, some questions are attached to the passage mentioned above as well.

This book particularly concentrates on the Paper 2 Listening Comprehension Paper. In order for students to test their learning outcome and to experience the actual situation of listening comprehension exam, the book is attached with two sets of mock exam papers for SL and HL respectively. I believe, after the completion of this book, students will be more confident to face the real IBDP Chinese exam, especially the Paper 2 for listening comprehension.

Scan the QR code or log in to get the papers.
chinesemadeeasy.com/techDetail.aspx?id=1134

To be convenient for students to self-study, the book also includes the answers to the exercises, so that students can self-mark after completing the exercises.

Finally, I wish you all the best in your studies and the continuous improvement of Chinese language.

Vivienne Fung

使用说明

老师怎样使用本书

1. 作为听力理解训练重要的第一步,老师可以让学生熟记本书的"常用疑问表达",为之后回答与所听内容相关的各种问题做好准备。

2. 在开始每段听力理解训练前,老师可以带领学生先回答"听前热身"中与本段听力训练内容相关的问题,以激活学生相关的背景知识。

3. 每段听力训练开始前,老师可以带领学生学习与本段听力内容相关的重点词语,以便学生更好地理解所听到的内容。

4. 每段听力训练开始前,老师可以带领学生复习与本段听力内容相关的疑问表达,以便学生更好地理解,并且更准确地回答听力理解问题。

5. 语言的学习是循序渐进的过程,对词语、段落、篇章的理解需逐步做积累。听力训练过程中,"分段听"是必不可少的一环。在做有关"段意"的练习时,老师可以带领学生分段、反复听内容,让学生跳出词语和句子的小圈子,思考整段的中心意思,训练学生对段落的归纳总结能力。

6. 听力训练之后,老师可以利用"词语巩固"带领学生复习重点词语,强化学生对重点词的理解。

7. 本着"因材施教"的教学原则,老师可以让有能力的学生按照考试要求,直接听两遍文本录音,边听边回答书里的听力理解问题。

8. 老师可以利用本书附赠的听力模拟试题(SL、HL 各两套)做评估。

学生怎样使用本书

1. 学生可以利用本书的"常用疑问表达"为听力理解训练做好准备。

2. 在开始每段听力理解训练前，学生可以先回答"听前热身"中与本段听力训练内容相关的问题，激活相关背景知识。

3. 学生可以先学习与本段听力内容相关的重点词语，以便更好地理解所听到的内容。

4. 有能力的学生可以尝试只听两遍文本录音，边听边回答听力理解问题。

5. 学生也可以根据自己的水平和需要，反复多次进行听力练习。

6. 学生可以在完成听力理解练习后，利用"词语巩固"进行重点词语复习。

7. 学生可以利用书后的参考答案进行自我批改和反思。

8. 学生可以利用本书附赠的听力模拟试题（SL、HL 各两套）检测学习成果。

How to Use This Book

For Teachers

1. As an important first step in listening comprehension training, teachers can prepare students for familiarization with common interrogative words which are listed in the front of the book, so the students can answer the questions more correctly.

2. Before listening to the audio text, teachers can instruct the students to answer several questions which are related to the theme of the text so that the students can familiarize with what they will hear.

3. Before listening to the audio text, teachers can help the students learn the key words which are related to the text so that the students can better understand what they will hear.

4. Before listening to the audio text, teachers can revise with the students the key questions words which are related to the text so that the students can answer the questions more accurately.

5. Language learning is a step by step process. Students have to gradually accumulate the range of vocabulary, so that they can obtain a better understanding of the paragraphs and passages. To improve listening comprehension skills, "segmented listening" is necessary. While doing the exercises on "paragraph meaning", the teacher can lead the students to listen to the relevant paragraph repeatedly. These exercises can improve students' summary skills by thinking about the central meaning of the whole paragraph.

6. After completing the listening comprehension exercises, teachers can lead students through the "word consolidation" section to revise the key words.

7. In line with the teaching principles of "teaching students according to their

capabilities", teachers can enable students with ability to follow the examination requirements and listen to the text twice only and answer the comprehension questions while listening.

8. Two sets of mock exam papers for SL and HL respectively are provided, which teachers can use to acess students' competence.

For Students

1. Students can go through the question-words which are listed in the first part of the book, which will help familiarize themselves with the common question-words and be well prepared for listening comprehension exercises.

2. Before starting to listen to the audio, students may answer several questions which relate to the text to get a basic understanding of what they will hear.

3. Students may learn and memorize the key words which relate to the text in order to better understand what they will hear.

4. Those students with better capabilities of Chinese can listen to the text twice directly and complete the exercises while listening.

5. Students can also listen to the text as many times as they wish based on their capabilities and needs.

6. After completing the listening comprehension exercises, students can go through the "word consolidation" section to revise the key words.

7. Students can check the answers after completing the exercises for reflection.

8. Two sets of mock exam papers for SL and HL respectively are provided, which students can use to test their learning outcome.

目录

IBDP中文B听力理解考试概要

中文 B 听力理解考试（卷二）

SL 普通课程	HL 高级课程
基于五大主题内容出题	基于五大主题内容出题
校外评核	校外评核
满分 25 分，占总分的 25%	满分 25 分，占总分的 25%
考试时间 45 分钟	考试时间 60 分钟
三段听力理解材料	三段听力理解材料
听力材料一：2 分钟 听力材料二：2.5 分钟 听力材料三：3 分钟	听力材料一：3 分钟 听力材料二：3.5 分钟 听力材料三：4 分钟

听力试卷难度分布

SL 普通课程	HL 高级课程
听力材料一：最易	
听力材料二：中度	
听力材料三：最难	听力材料一：最易
	听力材料二：中度
	听力材料三：最难

常用疑问表达

对于听力理解来说，抓住问题中的询问重点是非常重要的一个环节。在听力理解训练之前掌握中文常用的疑问表达可以提升学生对询问重点的敏感度，从而迅速有效地回答问题。

有关事物、时间、处所和数量的问句

疑问词		询问重点及答案	例句
谁	who	人物	大卫是谁？
什么	what	东西	你的桌子上有什么？
什么时候	when	日期、时间	她什么时候上课？
什么地方	where	地方	你们现在在什么地方？
做什么	do what	活动	他明天做什么？
哪儿	where	地方	你在哪儿学中文？
哪里	where	地方	咱们明天在哪里吃饭？
哪一个	which one	这个、那个	哪一个是你的？
哪个人	which person	人物	你认识的是哪个人？
哪个国家	which country	国家名称	你是在哪个国家出生的？
哪种语言	which language	语言名称	你会说哪种语言？
几	how many	数量	这孩子会从一数到几？
几点	what time	数量	现在几点？
几岁	how old	数量	你今年几岁？
几个人	how many people	数量	他们班有几个人？
几口人	how many people	数量	你们家有几口人？
几块钱	how much	数量	你带了几块钱？
多少	how many	数量	你们班有多少人？
多少钱	how much money	数量	这块蛋糕多少钱？

疑问词		询问重点及答案	例句
多久	how long time	数量	小红在这儿多久了？
多长时间	how long time	数量	妈妈等了多长时间了？

有关方式的问句

疑问词		询问重点及答案	例句
怎么了	what happened	具体方式	他怎么了？
怎么走	how to get a place	坐公共交通工具、方向	去他家怎么走？
怎么做	how to do	具体方式	这道题目怎么做？
怎么写	how to write	具体方式	这个字怎么写？
怎么样	how about	形容词	你唱歌唱得怎么样？
如何	how	形容词	你觉得如何？
为什么	why	原因	她为什么要学法语？

选择问句

疑问词		答案	例句
是不是	yes or not	是 / 不是	那个人是不是学生？
有没有	have or not	有 / 没有	你今天有没有中文课？
喜欢不喜欢	like or not	喜欢 / 不喜欢	你喜欢不喜欢学数学？
A 还是 B	A or B	A / B	你想吃中餐还是西餐？
是否	yes or no	是 / 不是	你是否同意他的观点？

句尾疑问词

疑问词	答案	例句
吗	根据实际情况回答，去掉"吗？"	你喜欢打篮球吗？
呢	根据实际情况回答，去掉"你呢？"	我学过日文，你呢？

主题一
经历与体验

01

家庭生活和个人经历

听力训练一

一、听前热身

1. 每年新学年开学，你们都会有新老师吗？

2. 你最喜欢的老师是一个什么样的人？

3. 你最喜欢的老师长什么样？

4. 你最喜欢上什么课？

5. 你学过什么语言？

二、重点词语

1. 随着 suí zhe along with

2. 增长 zēng zhǎng to increase

3. 升 shēng to go up

4. 吓了一跳 xià le yí tiào be frightened to

5. 严肃 yán sù serious

6. 厉害 lì hai sharp-tongued

7. 相反 xiāng fǎn opposite

8. 亲切 qīn qiè kind

9. 面孔 miàn kǒng face

10. 总算 zǒng suàn finally

11. 炯炯有神 jiǒng jiǒng yǒu shén (of eyes) bright and piercing

12. 能说会道 néng shuō huì dào have the gift of gab

13. 几乎 jǐ hū almost

14. 温柔 wēn róu gentle and soft

15. 询问 xún wèn to ask about

16. 懒虫 lǎn chóng lazybones

17. 丑话说在前头 chǒu huà shuō zài qián tou pre-warning

18. 工整无误 gōng zhěng wú wù neat and no mistakes

19. 受罚 shòu fá to be punished

20. 紧张 jǐn zhāng nervous

<table>
<tr><td>

zé guài
21. 责怪 to blame

chū fàn
22. 初犯 first offence

jì jiào
23. 计较 to fuss about

xià bù wéi lì
24. 下不为例 not to be repeated

zhēng qǔ
25. 争取 to fight for

</td><td>

关联词

zì cóng   yǐ lái
1. 自从……以来 ever since

chú cǐ zhī wài
2. 除此之外 apart from this

jìng rán
3. 竟然 unexpectedly

ér qiě
4. 而且 moreover

què
5. 却 but

fǎn ér
6. 反而 on the contrary; instead

bú guò
7. 不过 but

</td></tr>
</table>

三、重点疑问表达

吗　　什么　　什么样　　怎么样　　为什么

四、听力理解练习

听两遍短文，完成以下练习。 🎧 01-1

1. 根据短文内容，回答下面的问题。

（1）我为什么换老师了？

_____

（2）我原来以为男老师什么样？

_____

（3）朱老师的眼睛是什么样的？

_____

（4）"懒虫"指的是哪些人？

_____

（5）朱老师对作业有什么要求？

_____

2. 根据短文内容，选择正确的答案。

（1）新来的老师是一个什么样的人？

☐   A. 严肃

        B. 厉害

        C. 亲切

        D. 爱开玩笑

（2）新来的老师多大年纪？

☐   A. 二十岁左右

        B. 二十五岁左右

        C. 三十岁左右

        D. 三十五岁左右

（3）开学的第一节课是什么课？

☐   A. 英语

        B. 数学

        C. 中文

        D. 西班牙语

（4）同学们都完成老师留的作业了吗？

⬜
　　　　A. 全班都没有完成作业

　　　　B. 只有几个同学没有完成作业

　　　　C. 很多人没有完成作业

　　　　D. 全班都完成作业了

（5）同学们应该在新学年里做什么？

⬜
　　　　A. 努力学习

　　　　B. 多做运动

　　　　C. 多学外语

　　　　D. 多做作业

3. 根据短文内容，判断对错。

	对	错
（1）新来的朱老师是教外语的。	⬜	⬜
（2）朱老师非常严肃，也非常厉害。	⬜	⬜
（3）朱老师很会说话。	⬜	⬜
（4）第一天上课，朱老师没有给我们留作业。	⬜	⬜
（5）全班同学都把第一天的作业做完了。	⬜	⬜

五、听力文本

我的新老师

　　随着年龄的增长，我又升了一级，同时，老师也换了。

　　这个星期我们换了一位新老师，他姓朱，是教西班牙语的。朱老师刚一走进教室就把我吓了一跳，因为自从学西班牙语以来一直都是女老师教我。另外，我也怕男老师，因为男老师太严肃、太厉害。但是，这位朱老师却相反。看着他那亲切的面孔，我的心总算是平静了下来。

朱老师非常年轻，大约二十五岁左右，中等身材，高高的鼻梁上有一双炯炯有神的大眼睛。除此之外，还有一张能说会道的小嘴巴。听同学们说，这位老师可好了，几乎不骂人，可温柔了。

开学第一节课竟然就是西班牙语课，我可高兴了。上课了，老师首先询问了我们班以前不喜欢写作业的那些"懒虫"的情况。然后说："丑话说在前头，当天学过的生词当天要记住，当天的作业要当天完成，而且，作业必须要工整无误，不认真完成作业是要受罚的。"

那天，朱老师让我们回家预习课文，把课文读出来。可第二天上课时，却有很多人没完成作业，读不出课文。全班同学都非常紧张地看着老师，可老师并没有责怪他们，反而亲切地说："看在你们是初犯，我不跟你们计较，不过，下不为例！"

新老师，新生活，在新的学年里我们应该努力学习，争取更大的进步。

听力训练二

一、听前热身

1. 你家附近有公园吗？
2. 那个公园里有哪些好玩儿的东西？
3. 那个公园里的风景怎么样？
4. 你喜欢和谁一起去公园玩儿？
5. 去公园玩儿以后，你的心情怎么样？

二、重点词语

1. 第一眼 dì yī yǎn the first glance

2. 蹦蹦床 bèng bèng chuáng trampoline

3. 请求 qǐng qiú to request

4. 痛快 tòng kuài simple and direct

5. 堂妹 táng mèi cousin (father's side)

6. 摔倒 shuāi dǎo to fall down

7. 羡慕 xiàn mù to envy

8. 撒娇 sā jiāo to act like a spoilt child

9. 碰碰车 pèng peng chē dodgem

10. 敢 gǎn to dare

11. 撞 zhuàng to bump against

12. 害怕 hài pà to fear

13. 想尽办法 xiǎng jìn bàn fǎ to try every means

14. 婶婶 shěn shen auntie (father's side-uncle's wife)

15. 不舍得 bù shě de be not willing to

16. 气球 qì qiú balloon

17. 情景 qíng jǐng scene

18. 只顾着 zhǐ gù zhe to consider only

19. 注意 zhù yì to pay attention to

关联词

1. 于是 yú shì therefore

2. 只好 zhǐ hǎo have to

3. 为了 wèi le for

4. 因为 yīn wèi because

三、重点疑问表达

什么　　星期几　　哪儿

四、听力理解练习

听两遍短文，完成以下练习。 🎧 01-2

1. 根据短文内容，选出四个正确的叙述。

A. 公园里有蹦蹦床和碰碰车。

B. 我和弟弟、妹妹在公园里玩儿得可高兴了。

C. 堂妹可以在蹦蹦床上又坐又起，玩儿得可好了。

D. 我们玩儿完蹦蹦床后又去玩儿了碰碰车。

E. 开始的时候，堂妹不敢自己开碰碰车。

F. 为了让我们回家，妈妈给我们买了一个气球。

G. 回家后我画了一幅画儿，上面有公园里的房子、树和人。

H. 那天碰碰车没玩儿够，我过得不太开心。

2. 根据短文内容，选择正确的答案。

（1）进入公园后，我先做了什么？

☐　　A. 吃东西

B. 玩儿碰碰车

C. 玩儿蹦蹦床

D. 买气球

（2）从哪儿可以看出妹妹的胆子很小？

☐　　A. 不敢去玩儿蹦蹦床

B. 不敢去买气球

C. 不敢自己开碰碰车

D. 不敢自己去公园

（3）这篇短文的主旨是什么？

☐　　A. 介绍公园的设施

B. 碰碰车很好玩儿

C. 完成妈妈让我画的画儿

D. 快乐的家庭生活

3. 根据短文内容，用正确的词语填空。

（1）我们一家星期 _____ 晚上去了海边公园。

（2）和我们一家一起去公园的还有 _____ 一家。

（3）我和 _____ 去玩儿了蹦蹦床。

（4）那天我过得 _____ 。

五、听力文本

在海边公园

星期六的晚上，爸爸、妈妈带着我，跟叔叔一家到海边公园去玩儿。

走进海边公园，我第一眼就看到了我最喜欢的蹦蹦床。我请求妈妈让我玩儿一会儿，妈妈痛快地答应了。于是，我和堂妹高兴地跑了上去。

我玩儿得还行，可妹妹却总是摔倒。有一个小女孩儿在蹦蹦床上又坐又起，玩儿得可好了！我对妹妹说："我也可以像她那样玩儿。"说完，我就做了一个给妹妹看。妹妹看了，非常羡慕，也想试试，但还没坐下，就摔了一跤。妹妹撒娇地说："我不玩儿了！"我只好陪着妹妹去玩儿别的。

我们又去玩儿碰碰车。开始，妹妹不敢自己开。看到别人玩儿得那么开心，她也想玩儿了。但是妹妹不敢撞东西，更不敢撞别人的车。我为了让妹妹不害怕，就想尽办法撞她的车。最后，她什么都敢撞了。

时间到了，我们该下车了，可我们还没玩儿够。婶婶看我们不舍得走，就给我们每人买了一个气球，让我们回家。

到家后，我把我们在公园玩儿的情景画了出来。妈妈看到我画的画儿上只有人，笑着说："那房子和树呢？怎么不见了？"我说："我只顾着玩儿了，没注意看别的。"家人听了都笑我，但我还是很高兴，因为我觉得那天过得非常快乐！

词语巩固

1. 选择与下列词语意思最接近的一项。

（1）增长 ☐

　　A. 成长　　　B. 减少　　　C. 增加　　　D. 延长

（2）严肃 ☐

　　A. 温柔　　　B. 严厉　　　C. 认真　　　D. 亲切

（3）责怪 ☐

　　A. 计较　　　B. 责备　　　C. 表扬　　　D. 惩罚

2. 把左边的词语和右边的解释配对。

☐　（1）痛快　　　　A. 就想着

☐　（2）第一眼　　　B. 直率

☐　（3）羡慕　　　　C. 不愿意

☐　（4）不舍得　　　D. 立刻

☐　（5）只顾着　　　E. 疼痛

　　　　　　　　　　F. 倾慕

　　　　　　　　　　G. 一只眼

文化扩展

中国人的家庭观念

中国人有着很强的家庭观念，特别注重家庭。中国人受"多子多福""养儿防老"的传统观念影响很深，很多父母和成年子女住在一起。

对中国人来说，家庭非常重要，他们不仅十分重视家庭生活的美满，也非常注重家庭的团圆。每到过年过节，特别是最重要的传统节日春节，中国人都一定要回家。他们不顾人群的拥挤、不惜一切代价去买回家的机票、车票。他们不顾旅程的漫长和遥远，披星戴月，走过千山万水，风雨无阻地往回赶。传统的家庭观念让中国人不管怎样都要在春节前赶到家人的身边，和家人一起过个团圆年。

？ 思考题

1. 中西家庭文化有哪些差异？

2. 亲子关系紧密的中式家庭和主张独立个性的西式家庭在人格的培养方面哪个更好？

主题一
经历与体验

02

家居及周围环境

听力训练一

一、听前热身

1. 你见过音乐喷泉吗?

2. 音乐喷泉有什么特点?

3. 白天的喷水池和晚上的有什么不同?

4. 你家周围有什么公共设施?

5. 你最常用的公共设施有哪些?

二、重点词语

1. 楼下 lóu xià downstairs

2. 花园 huā yuán garden

3. 映入眼帘 yìng rù yǎn lián to be seen

4. 喷水池 pēn shuǐ chí fountain

5. 飞上云霄 fēi shàng yún xiāo to fly to the sky

6. 水滴 shuǐ dī water drop

7. 怀抱 huái bào bosom

8. 花坛 huā tán flower bed

9. 心旷神怡 xīn kuàng shén yí relaxed and happy

10. 大理石 dà lǐ shí marble

11. 平整 píng zhěng flat

12. 铺 pū to pave

13. 禁止 jìn zhǐ to forbid

14. 例外 lì wài to be an exception

15. 轻松感 qīng sōng gǎn feeling of relax

16. 安全感 ān quán gǎn feeling of safe

17. 灯光闪烁 dēng guāng shǎn shuò flickering lamp light

18. 此起彼伏 cǐ qǐ bǐ fú as one falls, another rises

关联词

1. 每当⋯⋯就⋯⋯ (měi dāng⋯jiù⋯)
whenever...then

2. 有时⋯⋯有时⋯⋯ (yǒu shí⋯yǒu shí⋯)
sometimes...sometimes...

3. 一⋯⋯就⋯⋯ (yī⋯jiù⋯) as soon as

4. 不管⋯⋯总是 (bù guǎn⋯zǒng shì) no matter...always

5. 有的⋯⋯有的⋯⋯ (yǒu de⋯yǒu de⋯) some...some...

6. 一边⋯⋯一边⋯⋯ (yì biān⋯yì biān⋯) doing something while doing something else

三、重点疑问表达

有什么　　做什么　　为什么　　什么＋名词

四、听力理解练习

听两遍短文，完成以下练习。 🎧 02-1

1. 根据短文内容，回答下面的问题。

（1）进入花园后人们首先会看到什么？

_____

（2）喷水池的周围有什么？请写出三样东西。

_____

（3）人们喜欢坐在石凳上做什么？请写出两件事。

_____

（4）花园里有没有汽车？为什么？

_____

（5）花园里的喷水池和普通的喷水池相比有什么不同？请写出两个特点。

_____

（6）最后一句用了两个词语来形容花园。请写出这两个词语。

_____

2. 根据短文内容，选择正确的答案。

（1）我家楼下有个（A. 现代的　B. 美丽的）花园。

□

（2）到了（A. 春天　B. 秋天），花坛里就开满了各种颜色的花。

□

（3）喷水池的周围有很多（A. 木椅　B. 石凳）供人们（A. 休息　B. 睡觉）。

□　　　　　　　□

（4）每到（A. 春天　B. 夏天），人们就坐在喷水池周围（A. 看电影　B. 看水舞）。

□　　　　　　　□

（5）自行车（A. 可以　B. 不可以）进入街心花园。

□

3. 根据短文内容，从右边选择合适的选项完成句子。

□ （1）那些水柱

□ （2）音乐喷泉周围的树

□ （3）人们坐在树下

□ （4）花园的路面是

□ （5）老人们在花园里

A. 打球。

B. 用大理石铺成的。

C. 唱戏。

D. 四季常绿。

E. 用平整的砖面铺成的。

F. 有时像水龙。

G. 骑自行车。

H. 听音乐。

五、听力文本

楼下的花园

我家楼下有一座美丽的花园。

走进去，首先映入眼帘的是一个音乐喷水池。每当音乐响起，音乐喷水池就喷出水来，那些水柱有时像一条条水龙飞上云霄，有时又像无数个小水滴投入妈妈的怀抱。音乐喷水池的四周有四个大花坛，花坛里有许多花：有红的花、黄的花、蓝的花、紫的花等等。一到春天，花园里就充满花香，使人心旷神怡。音乐喷水池周围也有许多树，不管春夏秋冬，那些树总是绿油油的，给人以清新的感觉。

在喷水池的四周，有用大理石做成的石凳，人们可以坐在上面休息、聊天。每到夏天，人们有的坐在树下，有的坐在喷水池周围，一边欣赏优美的音乐，一边观看奇妙的水舞。街心花园的路面是用平整的砖面铺成的，并且禁止任何车辆进出，自行车也不例外，这给在街心花园里的人们带来了轻松感和安全感。

到了晚上，街心花园灯光闪烁，特别是喷水池内的彩色灯光，非常漂亮。老人们的一阵阵戏声从耳边飘过，小孩子的欢笑声此起彼伏，人们尽情地歌唱，快乐地玩耍，直到夜深喷水池才恢复了平静。

我爱我家，不过我更爱这美丽而又充满活力的街心花园！

听力训练二

一、听前热身

1. 你养宠物吗？

2. 你最喜欢的宠物是什么？

3. 你理想中的宠物是什么样子的？

4. 如果你有宠物，你每天会跟它做什么？

5. 为什么宠物会给人带来快乐？

二、重点词语

1. 京巴狗 jīng bā gǒu Pekingese dog	10. 打滚儿 dǎ gǔnr to roll over
2. 白绒绒 bái róngróng fluffy white	11. 绝活儿 jué huór special talent
3. 耷拉 dā la to droop	12. 奔跑 bēn pǎo to run fast
4. 晶莹 jīng yíng sparkling and crystal-clear	13. 随风飞扬 suí fēng fēi yáng to blow in the wind
5. 玻璃球 bō li qiú glass ball	14. 快速 kuài sù high-speed
6. 翘 qiào to raise	15. 得意 dé yì to be proud of oneself
7. 惹人喜爱 rě rén xǐ ài endearing	16. 拼命 pīn mìng to risk one's life
8. 牵 qiān to lead	17. 上气不接下气 shàng qì bù jiē xià qì out of breath
9. 草坪 cǎo píng lawn	18. 认输 rèn shū to admit defeat

19. 不由自主 can not help
bù yóu zì zhǔ

20. 热情 enthusiastic
rè qíng

21. 打 转 to spin
dǎ zhuàn

关联词

1. 又……又…… ...and...
yòu yòu

2. 不得不 to have to
bù dé bù

3. 一会儿……一会儿…… while...while...
yí huìr yí huìr

三、重点疑问表达

动词 + 什么：做什么

什么 + 名词：什么样子　　什么动作　　什么关系

四、听力理解练习

听两遍短文，完成以下练习。 🎧 02-2

1. 根据短文内容，回答下面的问题。

（1）小狗的耳朵是什么样子的？

_____

（2）我把小狗的眼睛比喻成什么？

_____

（3）小狗高兴的时候会做出什么动作？

_____

（4）小狗和我是什么关系？请说出两点。

_____

2. 根据短文内容，选出三个正确的叙述。

      A. 我家的小狗是白色的短毛狗。

      B. 豆豆喜欢玩儿玻璃球。

      C. 豆豆会做一些别的狗不会的动作。

      D. 豆豆特别可爱，很多人都喜欢它。

      E. 豆豆没我跑得快。

      F. 我和豆豆是好朋友。

3. 根据短文内容，从右边选择合适的选项完成句子。

（1）它长着	A. 得意的表情。
（2）它翘着	B. 可爱的样子。
（3）它摆出	C. 握手的样子。
（4）它迈开四肢	D. 白绒绒的毛。
（5）它用嘴	E. 奔跑。
	F. 尾巴。
	G. 咬鞋子。
	H. 叼着球。

4. 根据短文内容，判断对错。

                                                                       对   错

（1）小狗的眼睛圆圆的、大大的。

（2）每当肚子饿的时候，它就会去跟别人要吃的。

（3）每次跑步，我都比小狗跑得快。

（4）狗是人类最好的朋友。

五、听力文本

我的京巴狗

我家有只可爱的京巴狗。

它长着一身白绒绒的长毛，两只耳朵耷拉着，眼睛又圆又大，眼珠不停地转动，就像两颗晶莹的玻璃球。它总是高翘着尾巴，吐着舌头，摆出一副非常可爱、惹人喜爱的样子。它还有一个好听的名字叫"豆豆"。

我经常牵着它在院子里的草坪上玩耍、让它在草坪上打滚儿。有时，我还训练它一些绝活儿。

在草坪上，我拿着一个球，向不远处扔去，豆豆迈开四肢奔跑过去，它身上的长毛随风飞扬。到了落球的地点，它快速叼上球又跑了回来放进我的手中。那时，我就会摸摸它的头，豆豆就会直摇尾巴，显得很得意。

在家里，每当它肚子饿的时候，它就不停地围着我转，而当我不给它吃的时候，豆豆就会着急地发出"嗯嗯"的声音，让人听了不得不给它一块肉吃。

有时，我和豆豆比赛跑步。我一跑，它就跟在我旁边拼命往前冲。不一会儿，它就跑到我前面去了。当我累得上气不接下气时，它就会停下来，站在我的面前得意地看着我，好像在说："你认输了吧？！"

在大街上，我牵着豆豆散步。许多人见到它，都不由自主地摸它的头。这时豆豆就仰起头，去舔别人的手，晃动着尾巴，热情地扑在别人的腿上，还不停地在地上高兴地打转。街上的人都非常喜欢豆豆，一会儿抓起它的爪子跟它握手，一会儿又亲切地拍它的头。

豆豆带给我很多快乐。它是我最好的朋友，也是我最亲密的"家人"。

词语巩固

1. 把左边的词语和右边的解释配对。

☐	（1）得意	A. 和平时不同
☐	（2）热情	B. 允许
☐	（3）例外	C. 感到高兴
☐	（4）禁止	D. 独特的本领
☐	（5）绝活儿	E. 热心、亲切
		F. 不允许
		G. 特长

2. 用下面的成语造句。

（1）不由自主：_____。

（2）心旷神怡：_____。

（3）此起彼伏：_____。

文化扩展

北京人养宠物的习俗

北京人养宠物有着悠久的历史，其中的学问、讲究也很多。北京人认为养猫是一种高尚的情趣，亲朋间经常互相赠送自家的小猫。老北京人不卖猫，因为卖猫被视为破产的象征。另外，北京人还喜欢养狗。除了猫和狗，养鸽子也很受北京人喜爱。老北京的天空常常会传来鸽哨声。对老北京人来说，到公园赏景观鸽子是最惬意的事情。此外，养金鱼、斗蛐蛐、遛鸟也是他们的喜好。很少有哪个地方的人能像老北京人这样喜爱宠物。老北京人把养宠物当作一大雅事，是和下棋、品茶、论画一样的雅事。

思考题

1. 有人说"宠物是我们人类获得幸福和健康生活的一个来源"，你对这句话有什么看法？
2. 你喜欢养什么宠物？为什么？

主题一
经历与体验

03

休闲活动

听力训练

一、听前热身

1. 你经常爬山吗？

2. 你一般和谁一起去爬山？

3. 你去爬山一般会爬多长时间？

4. 中国人常说"上山容易下山难"，上山的时候你的感觉如何？

5. 从山顶往下看，你会有什么感觉？

二、重点词语

1. qíng lǎng 晴朗 sunny and clear

2. wàn lǐ wú yún 万里无云 cloudless

3. yí fu 姨父 the husband of one's maternal aunt; uncle

4. hǎo bù róng yì 好不容易 not easily

5. zhǔn bèi 准备 to prepare

6. rén shān rén hǎi 人山人海 lots of people

7. mó tuō chē 摩托车 motorcycle

8. yán zhe 沿着 along

9. tái jiē 台阶 step

10. yíng pū miàn ér lái 迎(扑)面而来 to one's face

11. mǎn tóu shì hàn 满头是汗 sweat on one's head

12. mǎn miàn hóng guāng 满面红光 one's face glowing with health

13. xiū xi tíng 休息亭 pavilion for rest

14. wén 闻 to smell

15. huā xiāng 花香 fragrance

16. yuán lái 原来 indicates discovery of the truth of a situation

17. dīng xiāng huā 丁香花 lilac

18. xiāng qì zuì rén 香气醉人 intoxicating aroma

fǎng fú 19. 仿佛 to seem as if	pí láo 28. 疲劳 fatigue
hǎo xiàng 20. 好像 as if	xiāo shī 29. 消失 to disappear
gǔ lì 21. 鼓励 to encourage	wú yǐng wú zōng 30. 无影无踪 without a trace
qián jìn 22. 前进 to go forward	bù zhī bù jué 31. 不知不觉 unconsciously
huǒ chái hé 23. 火柴盒 matchbox	luò shān 32. 落山 (sunset) to go down
mǎ yǐ 24. 蚂蚁 ant	
tǐ huì 25. 体会 to realize	**关联词**
yì lǎn zhòng shān xiǎo 26. 一览众山小 mountains turn small from bird's eye view	bú dàn yě 1. 不但……也…… not only...but also...
qí guài 27. 奇怪 strange	dāng de shí hou 2. 当……的时候 when

三、重点疑问表达

哪一天　　怎么样　　什么名字　　什么时候　　做什么
有什么　　谁　　多长时间

四、听力理解练习

听两遍短文，完成以下练习。🎧 03

1. 根据短文内容，回答下面的问题。

（1）我是在哪一天去爬山的？

（2）爬山那天的天气怎么样？

_____

（3）我爬的山叫什么名字？

_____

（4）山脚下除了有很多人，还有什么？请写出三样东西。

_____

（5）我们在爬山途中见到的人都有什么共同特征？请写出两个形容词。

_____

（6）我们一家在休息亭做什么？请写出三件事。

_____

（7）我是什么时候开始下山的？

_____

2. 根据短文内容，从右边选择合适的选项完成句子。

☐ （1）那天的天气	A. 散发着阵阵花香。
☐ （2）山脚下	B. 有很多火柴盒。
☐ （3）爬山的人	C. 在人们的头顶飞来飞去。
☐ （4）丁香树	D. 都觉得很热。
☐ （5）小鸟	E. 蓝天白云。
	F. 在树上唱歌。
	G. 非常晴朗，一点儿云彩都没有。
	H. 人多车多。

3. 根据短文内容，选出四个正确的叙述。

☐   A. 我是和爸爸妈妈一起去爬的山。

☐   B. 我们是下午去爬山的，那天的天气非常好。

☐   C. 我们要爬的山很清静，没有什么人。

☐   D. 我们爬山的时候已经有很多人从山顶往回走了。

        E. 我们从山下一口气爬到山顶，中间没有休息过。

        F. 山上有很多丁香花。

        G. 山上的小鸟唱着歌欢迎我们。

        H. 从山顶看山下时，房子显得非常小。

        I. 从山顶可以看到山下的蚂蚁。

五、听力文本

爬山

2010 年 5 月 16 日　星期日　　　　　　　　　　　　　　　　天气：晴

　　今天，天气晴朗，万里无云。于是，我、哥哥和姨父决定下午一起去爬老虎山。

　　好不容易到了下午，我们准备好后就出发了。不久，我们来到老虎山脚下。这里人山人海，不但人多，车也很多，汽车、摩托车和自行车排得满满的。我们开始上山了，沿着台阶往上走，一路上迎面而来的都是从山顶往回走的人，他们满头是汗、满面红光。

　　离山顶还有一半时，哥哥说："太累了，咱们休息一会儿吧。"我们在前面的一个休息亭停了下来，大家坐在那里喝水、聊天、休息。当大家觉得不那么累了，也不那么热了的时候，我们又继续往上走。一路上，我闻到了一阵阵的花香。原来，在往老虎山山顶的路上，种满了丁香花树，阵阵花香扑面而来，香气醉人。一些小鸟在树上唱歌，仿佛是在欢迎我们的到来，又好像在鼓励我们继续前进。

　　我们又走了一段路，终于到达山顶了。站在山顶向下望，房子一下子变得像火柴盒一样大，汽车、摩托车、自行车和行人都和蚂蚁一样小，我总算体会到了"一览众山小"的感觉。奇怪的是，刚才上山时的疲劳现在一下子消失得无影无踪了。

　　不知不觉，时间已经到了下午的六点多钟，太阳就要落山了，我们也开始下山了。

词语巩固

选择与下列词语意思最接近的一项。

（1）仿佛　　□

　　　A. 肯定　　　　B. 相同　　　　C. 好像　　　　D. 一样

（2）鼓励　　□

　　　A. 赞同　　　　B. 激励　　　　C. 批评　　　　D. 严厉

（3）疲劳　　□

　　　A. 勤劳　　　　B. 劳累　　　　C. 失眠　　　　D. 精神

文化扩展

广场舞

　　"广场舞"是一种有氧健身操，是居民自发的以健身为目的舞蹈。广场舞一般在广场、庭院等户外空间进行，通常伴有节奏感强的音乐。居民大部分都徒手健身，也有部分人手持扇子跳舞。广场舞在中国十分普遍，参与者多为中老年人，因此也被视为一种中国的社会现象。跳广场舞的中老年妇女被冠以"广场舞大妈"的称号。

思考题

1. 广场舞带来了哪些社会问题？
2. 请探究一下广场舞的利与弊。

主题二
身份认同

节日、文化与风俗

听力训练

一、听前热身

1. 你知道什么是"黄金周"吗？

2. 你知道"黄金周"指的是哪几个假期吗？

3. 你知道为什么有很多人不喜欢"黄金周"吗？

4. 你最喜欢哪一个假期？

5. 你放假的时候通常会做什么？

二、重点词语

1. 新闻 news
2. 引起 to cause
3. 黄金周 Golden Week
4. 政府 government
5. 取消 to cancel
6. 传统 traditional
7. 代替 to replace
8. 春节 Spring Festival
9. 元宵节 Lantern Festival
10. 清明节 Qingming Festival
11. 中秋节 Mid-Autumn Festival
12. 端午节 Dragon Boat Festival
13. 下一代 next generation
14. 忘记 to forget
15. 历史 history
16. 习俗 custom
17. 可悲 pathetic
18. 重视 to regard as important
19. 总理 Prime Minister
20. 祝贺 to congratulate

xiāng gǎng 21. 香港 Hong Kong	**关联词**
gōng zhòng jià qī 22. 公众假期 public holidays	jiù hǎo xiàng 1. 就好像 as if
rè nao 23. 热闹 lively	rú guǒ nà me 2. 如果……那么…… if...so...
jué dìng 24. 决定 to decide	
jì chéng 25. 继承 to inherit	
fā yáng 26. 发扬 to carry forward	
liú chuán xià qù 27. 流传下去 to pass down	

三、重点疑问表达

哪天　　怎么样　　哪几个

四、听力理解练习

听两遍短文，完成以下练习。🎧 04

1. 根据短文内容，回答下面的问题。

（1）这篇日记是哪天写的？

_____

（2）写日记那天的天气怎么样？

_____

（3）日记里提到了哪几个中国传统节日？

_____

（4）除了中国外，哪两个国家每年都会庆祝春节？

_____

2. 根据短文内容，选出三个正确的叙述。

<table>
<tr><td>☐
☐
☐</td><td>A. 除了五一黄金周，政府把中国传统节日也定为公众假期。
B. 中国人应该庆祝自己的传统节日。
C. 澳大利亚的总理会说一点儿中文。
D. 现在，很多外国人都知道中国人春节送红包的习俗。
E. 只有元宵节、端午节和中秋节三个传统节日放假。</td></tr>
</table>

3. 根据短文内容，用正确的词语填空。

（1）今天有一条 ＿＿＿＿＿ 引起了我的注意。

（2）在实行了 "＿＿＿＿＿" "五一" "十一" 黄金周 ＿＿＿＿＿ 年后，中国政府决定从 ＿＿＿＿＿ 开始 ＿＿＿＿＿ 五一黄金周，以中国的传统节日（清明节、端午节和中秋节）代替。

（3）香港政府把每一个中国的传统节日都列为 ＿＿＿＿＿ ，让人们有机会和家人一起 ＿＿＿＿＿ 、一起庆祝，过一个 ＿＿＿＿＿ 的中国传统节日。

五、听力文本

黄金周

2007 年 12 月 12 日　星期三　　　　　　　　　　　　　　天气：小雪

　　今天有一条新闻引起了我的注意：在实行了 "春节" "五一" "十一" 黄金周八年后，中国政府决定从 2008 年开始取消五一黄金周，以中国的传统节日（清明节、端午节和中秋节）代替。

　　我觉得这种做法非常好，因为中国传统节日，比如春节、元宵节、清明节、中秋节、端午节等，是中国的传统文化，如果中国人不庆祝这些传统节日，就好像中国人说自己不是中国人一样。另外，如果中国人不庆祝中国的传统节日，那么，中国的年轻人和他们的下一代就会忘记中国的传统文化、历史和习俗，也就没有人会知道屈原的故事。这是一件非常可悲的事情。

　　现在，很多国家都非常重视庆祝中国的传统节日，比如，澳大利亚和英国等国家每年都会庆祝中国的春节。澳大利亚的总理还在电视上用中文向中国人祝贺春节快乐。很多外国人也学会了中国人在春节送红包的习俗。我们生活在香港，香港政府把每一个中国的传统节日都列为公众假期，让人们有机会和家人一起吃饭、一起庆祝，过一个热闹的中国传统节日。

　　所以，中国政府的这个决定非常好。这个决定可以帮助人们继承和发扬中国的传统文化，让中国的传统习俗流传下去。

词语巩固

把左边的词语和右边的解释配对。

☐	（1）引起	A. 延迟、推迟
☐	（2）取消	B. 现代的
☐	（3）传统	C. 使……发生
		D. 让……停止
		E. 过去的、古老的

文化扩展

中国的黄金周

中国大陆的黄金周原来有三个，指的是春节、劳动节和国庆节三个节日连续七天的休假。国庆节七天休假称为"十一黄金周"，劳动节七天休假称为"五一黄金周"。相对于

其他公休假期，"黄金周"又被称为"长假"，通常冠以节日名称，分别为"五一长假""国庆长假"和"春节长假"。2008年起，中国大陆取消了"五一黄金周"，原五一劳动节三天的假期改为一天，春节和国庆节放假天数不变。

长假的制定，目的之一是推动"假日经济"。由于周末和节假日本来就是商业消费的集中时间，七天长假更是旅游、交通和商业集中时段，是赚钱的重要商机，因此被媒体称为"黄金周"。

⊘ 思考题

1. 有人说"中国的十一黄金周实际上已经成为了全球黄金周"。你怎么理解这句话？

2. 你觉得中国应该取消黄金周吗？为什么？

主题二
身份认同

05

旅游中国

听力训练一

一、听前热身

1. 你去过北京吗？

2. 北京是一个什么样的城市？

3. 从你住的地方可以怎么去北京？

4. 从你住的地方到北京需要多长时间？

5. 如果有机会到中国旅游，你打算去哪儿？

二、重点词语

1. _{jiā qiáng} 加强 to strengthen

2. _{jù tǐ} 具体 detailed; particular

3. _{nèi róng} 内容 content

4. _{rú xià} 如下 as follows

5. _{dǐ} 抵 to arrive (at)

6. _{yóu lǎn} 游览 to go sight-seeing

7. _{zǐ jìn chéng} 紫禁城 Forbidden City

8. _{míng cháo} 明朝 Ming Dynasty

9. _{qīng cháo} 清朝 Qing Dynasty

10. _{huáng dì} 皇帝 emperor

11. _{gǔ dài} 古代 ancient times

12. _{gōng diàn} 宫殿 palace

13. _{zuǒ yòu} 左右 about; more or less

14. _{lǚ yóu shèng dì} 旅游胜地 tourist site

15. _{yōu jiǔ} 悠久 long time

16. _{shì jiè guàn jūn} 世界冠军 world champion

17. _{běi jīng dà xué} 北京大学 Peking University

18. _{qīng huá dà xué} 清华大学 Tsinghua University

19. _{yōu xiù rén cái} 优秀人才 outstanding genius

20. _{lóng yǎ} 聋哑 deaf mute

tè shū jiào yù 21. 特殊教育 special education	*dǎ sǎo wèi shēng* 25. 打扫卫生 to do cleaning
qīn yǎn 22. 亲眼 to see with one's own eyes	*zhěng gè* 26. 整个 entire
lǎo rén yuàn 23. 老人院 old people's home	*jié shù* 27. 结束 to finish
sàn bù 24. 散步 to walk	*bào míng* 28. 报名 to enroll

三、重点疑问表达

几月 哪里 哪两所

四、听力理解练习

听两遍短文，完成以下练习。 🎧 05 1

1. 根据短文内容，回答下面的问题。

（1）这次旅行将在几月举行？

_____

（2）这次旅行从哪里出发？

_____

（3）他们第一天会去哪里参观游览？

_____

（4）他们第三天会去哪两所大学参观？

_____

2. 根据短文内容，从右边选择合适的选项完成句子。

	（1）"北京文化之旅"是为了	A. 游山玩水。
	（2）紫禁城是	B. 一万年前建造的。
	（3）万里长城是	C. 三千年前建造的。
	（4）聋哑学校的学生都需要	D. 同学们要帮忙打扫卫生。
	（5）在老人院	E. 接受特殊运动训练。

F. 认识更多的中国文化。

G. 接受特殊教育。

H. 中国最大的古代宫殿。

I. 同学们要表演节目。

3. 根据短文内容，用正确的词语填空。

（1）为了让同学们对 _____ 和 _____ 有更多的认识，学校决定在 _____ 举办一次"北京文化之旅"。

（2）第一天游览_____ 和_____，第二天去_____ 和 _____，第三天参观 _____ 和 _____。

（3）紫禁城有 _____ 年左右的历史。

（4）他们会去北京聋哑学校参观，看看那里的学生是怎样 _____ 的。

（5）在老人院，同学们要和老人们 _____，陪老人们 _____，帮老人院 _____。

（6）有兴趣参加的同学需要在 _____ 前报名。

4. 根据短文内容，判断对错。

	对	错
（1）这次旅行将在春天举行。		
（2）只有中国明朝的皇帝曾经在故宫居住、生活。		
（3）北京体育学校培养了很多世界冠军。		
（4）中国很多优秀人才都是从北京大学和清华大学毕业的。		
（5）北京聋哑学校的学生都是手脚有残疾的学生。		

五、听力文本

"北京文化之旅" 通告

为了加强同学们对中国语言和中国文化的认识，我们决定在今年十月"金秋北京"的季节举办一次"北京文化之旅"，具体内容如下：

第一天：乘坐早班飞机由香港飞抵北京。然后，前往市中心的天安门广场和故宫参观游览。故宫又叫"紫禁城"，是中国明朝和清朝皇帝曾经居住和生活的地方，是中国最大的古代宫殿，已经有六百年左右的历史了。

第二天：上午去长城。长城也叫"万里长城"，是中国最著名的旅游胜地之一。它已经有三千年的历史。中国有一句非常有名的话：不到长城非好汉。下午去参观北京体育学校，和那里的学生进行交流。北京体育学校有非常悠久的历史，很多世界冠军都曾经是那个学校的学生。

第三天：参观北京大学和清华大学的校园，了解中国大学生的学习和生活情况。北京大学和清华大学是中国最好的两所大学。它们为中国培养出了数不胜数的优秀人才。

第四天：上午去北京聋哑学校参观。了解中国特殊教育的情况，亲眼看看那些残疾学生是怎样努力学习的；下午去老人院做义工。在老人院，同学们要和老人们聊天，陪他们散步，帮老人院打扫卫生等等。希望同学们趁这个机会走进老年人的世界，明白老年人的想法。

第五天：早饭后，乘飞机返回香港。整个"北京文化之旅"结束。

有兴趣的同学请于6月5号前向王老师报名。

听力训练二

一、听前热身

1. 你喜欢自由行还是喜欢跟旅行团一起旅游?

2. 你喜欢不喜欢跟朋友去旅游?

3. 你旅行出发前通常会做什么准备?

4. 你去旅游会不会买纪念品?

5. 你喜欢买什么样的纪念品?

二、重点词语

1. 旅行团 lǚ xíng tuán tour group	11. 过期 guò qī to expire
2. 利用 lì yòng to use	12. 饮食 yǐn shí diet
3. 出发 chū fā to set out	13. 卫生 wèi shēng hygiene
4. 不必要 bú bì yào not necessary	14. 按时 àn shí on time
5. 麻烦 má fan troublesome	15. 过度 guò dù exceeding
6. 身份证 shēn fèn zhèng identity card (ID card)	16. 抵抗力 dǐ kàng lì resistance
7. 护照 hù zhào passport	17. 下降 xià jiàng to fall
8. 检查 jiǎn chá to check	18. 带备 dài bèi to bring
9. 与 yǔ and	19. 常用药 cháng yòng yào common medicine
10. 是否 shì fǒu whether or not	20. 感冒 gǎn mào to catch cold

21. <ruby>拉肚子<rt>lā dù zi</rt></ruby> to have loose bowels

22. <ruby>晕车<rt>yùn chē</rt></ruby> car-sickness

23. <ruby>登记<rt>dēng jì</rt></ruby> to register

24. <ruby>听从<rt>tīng cóng</rt></ruby> to obey

25. <ruby>导游<rt>dǎo yóu</rt></ruby> tour guide

26. <ruby>安排<rt>ān pái</rt></ruby> to arrange

27. <ruby>迟到<rt>chí dào</rt></ruby> to be late

28. <ruby>照顾<rt>zhào gù</rt></ruby> to take care of

29. <ruby>礼让<rt>lǐ ràng</rt></ruby> to give precedence to

30. <ruby>景区<rt>jǐng qū</rt></ruby> scenic area

31. <ruby>一草一木<rt>yì cǎo yí mù</rt></ruby> grass and tree

三、重点疑问表达

什么证件　　什么时候　　多长时间　　什么问题　　哪些　　谁

四、听力理解练习

听两遍短文，完成以下练习。 🎧 05-2

1. 根据短文内容，回答下面的问题。

（1）去旅行一定要带什么证件？

_____

（2）乘坐飞机的旅客应该什么时候到达机场？

_____

（3）乘坐火车的旅客要在火车开车前多长时间到达火车站？

_____

（4）在旅行的时候，如果太累会有什么问题？

_____

（5）旅行时要多吃什么？还要多喝什么？

_____

（6）旅行时应该准备哪些常用药？

_____

（7）跟团旅游时要听谁的安排？

_____

2. 根据短文内容，从右边选择合适的选项完成句子。

☐ （1）现在，越来越多人喜欢	A. 多吃青菜和水果。
☐ （2）如果准备不充分	B. 要与机票上的一致。
☐ （3）护照上的名字	C. 酒店设施。
☐ （4）生活要有规律，	D. 途中会遇上麻烦。
☐ （5）旅行时注意保护	E. 按时睡觉，按时起床。
	F. 不迟到。
	G. 名胜古迹。
	H. 外出旅游。
	I. 可以用简称。

五、听力文本

旅行团旅游注意事项

现在，越来越多人利用假期外出旅游度假。但是，有一些游客由于出发前准备不充分，往往在旅途中遇到一些不必要的麻烦。那么，旅游时应该注意些什么呢？

一、带齐以下东西：

　　1. 个人身份证或护照；

　　2. 机票或火车票、汽车票。

二、 检查以下内容：

1. 机票的名字与身份证或护照是否一致；

2. 自己的身份证或护照是否过期；

3. 机票的出发时间和行程是否正确。

三、 到达机场或车站的时间：

1. 如果你乘坐飞机，请在飞机起飞前两个小时到达机场；

2. 如果你乘坐火车，请在火车开车前六十分钟到达火车站。

四、 注意饮食和卫生，生活要有规律，按时睡觉、按时起床，不要过度疲劳造成抵抗力下降；多吃青菜、水果，多喝水。另外，最好带备一些常用药，如：感冒药、拉肚子药、晕车药等等。

五、 到达目的地后，我们会先去旅游，后去酒店登记入住。

六、 请听从导游的安排，不迟到。旅行时要互相帮助，互相照顾，互相礼让。

七、 注意旅游景区的清洁。保护名胜古迹和风景区的一草一木。

词语巩固

把左边的词语和右边的解释配对。

☐	（1）带齐	A. 不是
☐	（2）是否	B. 时间很长
☐	（3）按时	C. 定时
☐	（4）过度	D. 大约、差不多
☐	（5）目的地	E. 超过限度
☐	（6）左右	F. 计划要去的地方
☐	（7）悠久	G. 把所需要的东西都带上
		H. 及时
		I. 是不是

文化扩展

中国旅游种类

中国地大物博，历史文化悠久，各地保留了丰富的古迹文物，有着丰富的旅游资源与旅游方式。

1. 奇山之旅：奇峰怪石相连的中国第一景黄山，还有中国第一个国家公园张家界以及五岳名山。

2. 异水之旅：山水甲天下的桂林、百余湖塘如珠串连的九寨沟、总长近两百公里的长江三峡。

3. 边疆探索之旅：如帕米尔高原、内蒙古大草原、塔克拉玛干大沙漠。

4. 少数民族之旅：以西南地区的二十几个少数民族的故乡为主。

5. 文化古都之旅：北京故宫、颐和园、万里长城，西安兵马俑、半坡遗址，洛阳、开封。

6. 水乡之旅：如江南的宁波、苏州、杭州、扬州。

7. 时令之旅：如闻名全世界的哈尔滨冰雕展、洛阳的牡丹文化节。

8. 宗教之旅：佛教四大名山、道教各名山，以及藏传佛教寺庙等。

9. 艺术之旅：以中国四大石窟艺术及各地宫廷建筑为主。

10. 摄影之旅：以各大风景区为主，尤其是黄山、九寨沟，还有西南少数民族、各民族节庆、西北大漠等。

11. 跨国之旅：也就是连结周边国家的旅游方式，一般来说有东北加上俄罗斯、新疆加上中亚丝路乌兹别克五国或者是西藏加上尼泊尔等等。

12. 探亲旅游团：返乡探亲自组团于探亲结束后再集合前往旅游，或于旅游行程结束后，各自返回家乡探亲。

资料来源：http://www.travel104.com.tw/china/tours.htm

思考题

1. 你对以上哪一种旅游感兴趣？为什么？
2. 旅游的好处有哪些？

主题二
身份认同

尊重与关爱

听力训练一

一、听前热身

1. 作为学生，你应该尊重哪些人？

2. 你认为哪些行为是不尊重别人的表现？

3. 如果同学之间没有尊重，后果会是怎么样的？

4. 见到不尊重别人的同学，你会跟他 / 她说什么？

5. 为什么我们一定要尊重别人？

二、重点词语

1.	尊重 zūn zhòng to respect		11.	撞倒 zhuàng dǎo to knock down
2.	伤害 shāng hài to harm		12.	车夫 chē fū rickshaw puller
3.	可耻 kě chǐ shamefulness		13.	急忙 jí máng hastily
4.	道歉 dào qiàn to apologize		14.	立即 lì jí immediately
5.	手势 shǒu shì gesture		15.	搀扶 chān fú to hold
6.	问候 wèn hòu to send greetings		16.	警察局 jǐng chá jú police bureau
7.	短篇小说 duǎn piān xiǎo shuō short story		17.	耽误 dān wu to delay
8.	马路 mǎ lù road; street		18.	行程 xíng chéng itinerary
9.	不小心 bù xiǎo xīn careless		19.	生意 shēng yi business
10.	人力车 rén lì chē rickshaw		20.	态度 tài dù attitude

21. 赢得 yíng dé to win

22. 平等 píng děng equal

23. 讥讽 jī fěng to ridicule

24. 嘲笑 cháo xiào to jeer at

25. 冷落 lěng luò to treat coldly

26. 疏远 shū yuǎn to drift apart

27. 起外号 qǐ wài hào to give a nickname

28. 难听 nán tīng unpleasant to hear

29. 尴尬 gān gà awkward

30. 无奈 wú nài can not help but

31. 表情 biǎo qíng facial expressions

32. 哄笑声 hōng xiào shēng burst of laughter

33. 举动 jǔ dòng action

34. 痛苦 tòng kǔ pain

35. 对象 duì xiàng target

36. 境遇 jìng yù circumstance

37. 条件 tiáo jiàn condition

38. 特别是 tè bié shì especially

39. 弱势群体 ruò shì qún tǐ vulnerable groups

40. 残疾人 cán jí rén handicapped

41. 自尊心 zì zūn xīn self respect

42. 交往 jiāo wǎng associate

43. 友善 yǒu shàn friendly

44. 礼貌待人 lǐ mào dài rén to treat people politely

45. 诚信 chéng xìn in good faith

46. 理解 lǐ jiě to understand

47. 安慰 ān wèi to comfort

48. 表现 biǎo xiàn expression

49. 充满 chōng mǎn to be full of

关联词

1. 无论……都…… wú lùn dōu no matter...

2. 尽管……但…… jǐn guǎn dàn even though...

三、重点疑问表达

什么样　　谁　　什么　　哪些

四、听力理解练习

听两遍短文，完成以下练习。 🎧 06-1

1. 根据短文内容，回答下面的问题。

（1）我认为什么样的人是"可耻"的？

_____

（2）《一件小事》讲的是谁和谁的故事？

_____

（3）什么表现是对别人的不尊重？请写出两个。

_____

（4）我做了什么伤害同学自尊的事？

_____

（5）尊重他人的表现有哪些？请写出三个例子。

_____

2. 根据短文内容，用正确的词语填空。

（1）在鲁迅的 _____ 小说《一件小事》中，一个老女人 _____ 时，
不小心被一辆人力车撞倒在地。

（2）这个故事让我懂得了人与人是 _____ 的，每个人在社会上的
_____ 可能有高有低，做的 _____ 也会不一样，但是，无论在
_____ 都要尊重别人。

（3）我曾经喜欢给别人起 _____，叫别人很多难听的名字，我自以为自己很 _____，看到对方尴尬、_____ 的表情，听到其他同学的哄笑声，我 _____。

3. 根据短文内容，判断对错。

	对	错
（1）说声"对不起"是对别人的尊重。	☐	☐
（2）车夫发现撞了人，没有把车停下来。	☐	☐
（3）老女人摔倒在地，没有受伤。	☐	☐
（4）嘲笑其他人就是对别人的不尊重。	☐	☐
（5）弱势群体包括残疾人、老人和儿童。	☐	☐

五、听力文本

尊重

一个人如果没有尊严，是可悲的；如果他还要去伤害别人，不尊重别人的尊严，那么他就是可耻的。

有时候，一声道歉、一个手势、一句问候、一个眼神，就是对别人的尊重。

在鲁迅的短篇小说《一件小事》中，一个老女人过马路时，不小心被一辆人力车撞倒在地。车夫发现撞了人，急忙把车停下来。见老女人摔倒在地，虽然没有受伤，虽然车夫知道错不在自己，但他还是立即搀扶着那个老女人向不远处的警察局走去。虽然车夫因为这件事耽误了客人的行程，也耽误了自己的生意，但他尊重别人的态度却赢得了别人对他的尊重。

这个故事让我懂得了人与人是平等的，每个人在社会上的地位可能有高有低，做的工作也会不一样，但是，无论在什么时候都要尊重别人。对别人的讥讽、嘲笑，就是对别人的不尊重，你得到的将是冷落、疏远。

我曾经喜欢给别人起外号，叫别人很多难听的名字，我自以为自己很聪明，看到对方尴尬、无奈的表情，听到其他同学的哄笑声，我得意洋洋。可是我没有想到，我的举动却伤害了别人的自尊。所以别人都不愿和我一起玩儿了，而且还给我起外号，我深深地体会到了被别人嘲笑的痛苦。不尊重别人就会成为被嘲笑的对象。

尽管我们每个人的境遇和条件不同，但人生来是平等的，这种平等应该得到别人的尊重，特别是一些社会上的弱势群体，比如残疾人、老人、儿童，我们更应该尊重他们，不让他们失去自信心和自尊心。

人们之间需要互相尊重。尊重别人就等于尊重自己。如果人与人之间失去了尊重，交往就会失去友善。礼貌待人，平等待人，诚信待人，理解别人，安慰别人，这都是尊重的表现。所以，我们要尊重别人，尊重自己，让世界充满爱。

听力训练二

一、听前热身

1. 什么是"爱心"？

2. 你参加过多少次义工活动？

3. 你去过哪儿做义工？

4. 你每次义工活动做多长时间？

5. 参加义工活动能够学到什么？

二、重点词语

1. 受益匪浅 shòu yì fěi qiǎn benefit (a lot) from

2. 程度 chéng dù level; degree

3. 关爱 guān ài to love

4. 关心 guān xīn to care

5. 素不相识 sù bù xiāng shí do not know each other

6. 深刻 shēn kè profound

7. 记忆犹新 jì yì yóu xīn to remain fresh in one's memory

8. 记得 jì de to remember

9. 途中 tú zhōng en route

10. 十字路口 shí zì lù kǒu crossroads

11. 抢救 qiǎng jiù to rescue

12. 通知 tōng zhī to inform

13. 家长 jiā zhǎng parents

14. 然后 rán hòu afterwards; then

15. 悄悄地 qiāoqiāo de gently

16. 后来 hòu lái afterwards

17. 露出 lù chū to reveal

18. 灿烂 càn làn bright

19. 播出 bō chū to broadcast

20. 感人 gǎn rén touching

21. <ruby>偶然<rt>ǒu rán</rt></ruby> on occasion

22. <ruby>领取<rt>lǐng qǔ</rt></ruby> to collect

23. <ruby>讲述<rt>jiǎng shù</rt></ruby> to tell about

24. <ruby>虚构<rt>xū gòu</rt></ruby> to fabricate

25. <ruby>编造<rt>biān zào</rt></ruby> to make up

26. <ruby>现实<rt>xiàn shí</rt></ruby> reality

27. <ruby>类似<rt>lèi sì</rt></ruby> similar

28. <ruby>闲逛<rt>xián guàng</rt></ruby> to stroll

29. <ruby>无偿献血<rt>wú cháng xiàn xiě</rt></ruby> to donate blood

30. <ruby>流动献血车<rt>liú dòng xiàn xiě chē</rt></ruby> mobile blood donation vehicle

31. <ruby>咨询<rt>zī xún</rt></ruby> to consult

32. <ruby>量血压<rt>liáng xuè yā</rt></ruby> to take blood pressure

33. <ruby>结果<rt>jié guǒ</rt></ruby> result

34. <ruby>毫升<rt>háo shēng</rt></ruby> milliliter (ml)

35. <ruby>一时<rt>yì shí</rt></ruby> temporary

36. <ruby>新奇<rt>xīn qí</rt></ruby> strange; novel

37. <ruby>流失<rt>liú shī</rt></ruby> to run off

38. <ruby>血液<rt>xuè yè</rt></ruby> blood

39. <ruby>丧失<rt>sàng shī</rt></ruby> to lose

40. <ruby>珍惜<rt>zhēn xī</rt></ruby> to cherish

关联词

<ruby>像<rt>xiàng</rt></ruby>……<ruby>一样<rt>yí yàng</rt></ruby> the same as...

三、重点疑问表达

哪里　　谁　　什么

四、听力理解练习

听两遍短文，完成以下练习。 🎧 06-2

1. 根据短文内容，回答下面的问题。

（1）爱心除了来自你的家人、朋友、同学、老师之外，还可以来自哪里？

_____

（2）在故事里，谁差点儿死了？

_____

（3）妈妈在中心广场看见了什么？

_____

（4）妈妈到车上去做了什么？

_____

（5）我希望大家都来做什么？

_____

2. 根据短文内容，从右边选择合适的选项完成句子。

☐ （1）爱心	A. 看了电视广告后马上去领奖金。
☐ （2）有些人	B. 脸上露出痛苦的表情。
☐ （3）电影里的好心路人	C. 找不到合适的血就会死亡。
☐ （4）妈妈	D. 脸上露出了微笑。
☐ （5）电影里的女孩儿被抢救过来后	E. 血压正常，可以献血。
	F. 看了电视后没有去领奖金。
	G. 可以让人感到满足。
	H. 虽然血压不正常，但还是坚持献血。

3. 根据短文内容，用正确的词语填空。

（1）一次，我在家里和 _____ 一起看一部 _____ ，不记得 _____ 了。

（2）电影里 _____ 被汽车撞倒了。

（3）被汽车撞倒的人去了 _____ 。

五、听力文本

谈爱心

爱心可以让人受益匪浅。爱心可以来自不同的人，也可以是不同程度的关爱和关心。有亲人的、朋友的、同学的、老师的等等，同样也可以是来自素不相识的陌生人的关爱。在这种关爱里，我有着非常深刻的体会。虽然受到关爱的不是我，可我却记忆犹新。

一次，我在家里和家人一起看一部电影，不记得名字了。电影就是讲：一个小女孩儿在放学回家的途中，在过十字路口时，被一辆汽车撞倒在地。一个好心的路人急忙把小女孩儿送到了医院抢救，并通知了小女孩儿的家长，然后他便悄悄地走了。后来经过抢救，那个小女孩儿活过来了，脸上又露出了灿烂的笑容。小女孩儿的家长为了感谢那个路人，在电视上播出了那个感人的故事。在偶然的一天，那个路人在看电视时看了这个广告，可他并没有去找小女孩儿的家长，也没有去找他们领取在广告上说的奖金，只是对着电视机笑了笑。

上面讲述的是一个带有虚构和编造的故事，然而在现实生活中也有类似的事情在发生。一天，我和妈妈在街上闲逛，当我们走到了中心广场，妈妈看见那儿有个"无偿献血"的流动献血车，妈妈便对我说："我也去看看。"

经过咨询和了解，一个护士开始帮妈妈量血压，过了两三分钟，那个护士对妈妈说："血压正常，可以献血。"妈妈便走上了献血车。我一直认为妈妈的身体并不是很好，所以我很不想让她献，结果她还是献了三百毫升。我哭了，因为妈妈因一时新奇而流失了宝贵的血液，可妈妈却对我说："不要哭，我知道你是为了我好。我是科学献血，这点血对我不会有事的，可别人却会因为找不到合适的血而丧失生命啊。"听了这句话，我非常感动，对妈妈说："是，我知道了，我以后也要像你一样。"

我想，有些关爱虽然很小，却可以使人继续拥有生命，甚至更多的一切。希望大家珍惜别人的关爱，也多给别人关爱，让世界充满爱！

词语巩固

1. 选择与下列词语意思相反的一项。

(1) 尊严　　　▢

　　A. 严肃　　　　B. 耻辱　　　　C. 威严　　　　D. 尊重

(2) 立即　　　▢

　　A. 缓慢　　　　B. 马上　　　　C. 一口气　　　D. 突然

(3) 冷落　　　▢

　　A. 不热闹　　　B. 冷淡　　　　C. 关心　　　　D. 落后

(4) 难听　　　▢

　　A. 好受　　　　B. 好看　　　　C. 听得懂　　　D. 动听

(5) 友善　　　▢

　　A. 凶恶　　　　B. 友爱　　　　C. 和睦　　　　D. 善良

2. 选出与划线词语意思相近的一项。

(1) 爱心可以让人受益匪浅。

　　▢　　｜　A. 得到利益
　　　　　　｜　B. 获得利润
　　　　　　｜　C. 得到很多好处
　　　　　　｜　D. 利益不浅

（2）爱心可以来自素不相识的陌生人的关爱。

☐
  A. 不了解

  B. 不认识

  C. 互相认识

  D. 不完全知道

（3）对这件事我却记忆犹新。

☐
  A. 新的记忆

  B. 记得不清楚

  C. 记忆好像很新

  D. 记得很清楚

（4）这是一个虚构和编造的故事。

☐
  A. 寓言

  B. 假的

  C. 童话

  D. 真的

（5）有人可能会因为找不到合适的血而丧失生命。

☐
  A. 没有

  B. 丧生

  C. 看不见

  D. 失去

文化扩展

中国人的传统美德——尊老爱幼

　　中国政府在 1949 年 12 月规定每年 6 月 1 日为儿童节。到了 1986 年，中国政府又决定将每年农历 9 月 9 日的重阳节定为"中国老人节"，借助传统的重阳节祝愿全国老人健康长寿。尊老爱幼是中华民族的传统美德，也是人类敬重自己的表现。每个人都有自己的儿童时代，每个人也都有老的一

天。"老吾老，以及人之老；幼吾幼，以及人之幼。"中国古代伟大的思想家和教育家孟子的这段话是说：在赡养孝敬自己的长辈时，不应忘记其他与自己没有血缘关系的老人。在抚养教育自己的小辈时，不应忘记其他与自己没有血缘关系的小孩。

？ 思考题

1. 中国有尊老爱幼的传统美德，社会上也有这样一种说法：子女有赡养扶助父母的义务。你对这句话有什么看法？

2. "一孩政策"令中国出现了人口老龄化。你认为中国应该怎么解决人口老龄化的社会问题？

主题三
发明创造

07

媒体通讯

听力训练一

一、听前热身

1. 你喜欢去图书馆吗？

2. 在学校的时候，你通常几点去图书馆？

3. 你们学校的图书馆是什么样的？

4. 你们学校的图书馆有外文书吗？有哪几种语言的书？

5. 你们学校的图书馆有什么设施？

二、重点词语

1. 电子化 diàn zǐ huà electrification

2. 各种各样 gè zhǒng gè yàng all kinds of; a variety of

3. 资料 zī liào data

4. 荧光屏 yíng guāng píng screen

5. 阅览台 yuè lǎn tái reading table

6. 输进 shū jìn to input

7. 放映 fàng yìng to show (movie)

8. 插图 chā tú illustration

9. 复制品 fù zhì pǐn copy

10. 野外 yě wài open country; field

11. 直接 zhí jiē direct

12. 提出 tí chū to raise

13. 要求 yāo qiú to request

14. 华南虎 huá nán hǔ South China Tiger

15. 东北虎 dōng běi hǔ Siberian Tiger

16. 深山 shēn shān remote mountains

17. 丛林 cóng lín jungle

18. 考察 kǎo chá to investigate

19. 管理员 guǎn lǐ yuán manager

20. 一切 yí qiè all

kòng zhì		róng nà	
21. 控制 to control		25. 容纳 to hold	
chéng qiān shàng wàn		cáng shū	
22. 成千上万 tens of thousands of		26. 藏书 collect books; a collection of books	
lí mǐ		chǔ cún	
23. 厘米 centimeter (cm)		27. 储存 to store	
wēi xíng jiāo juǎn			
24. 微型胶卷 microfilm			

三、重点疑问表达

什么　　做什么　　有什么　　谁　　怎样　　哪里

四、听力理解练习

听两遍短文，完成以下练习。 🎧 07-1

1. 根据短文内容，回答下面的问题。

（1）这篇短文讲的是什么主题？

_____

（2）短文里说的地方可以做什么？请写出两项。

_____

（3）短文里说的地方看不到什么？

_____

2. 分段听录音，根据短文内容，把左边的段落和右边的段意搭配起来。

	右边
☐ （1）第一段	A. 在电子图书馆看电影
☐ （2）第二段	B. 电子图书馆里有很多书架
☐ （3）第三段	C. 电子图书馆里有很多管理员
☐ （4）第四段	D. 未来电子图书馆的样子
	E. 在电子图书馆怎么看书
	F. 电子图书馆由电脑控制管理
	G. 电子图书馆里有电影院

3. 根据短文内容，选择正确的答案。

（1）在未来的电子图书馆里，怎样找到你要看的书？

☐
- A. 把书名输入阅览台
- B. 从书架上把书拿下来
- C. 让图书管理员帮你找
- D. 跟别人借

（2）在未来的电子图书馆里，除了看书，还可以做什么？

☐
- A. 睡觉
- B. 吃饭
- C. 看电影
- D. 打游戏机

（3）电子图书馆由谁来控制管理？

☐
- A. 图书管理员
- B. 同学
- C. 老师
- D. 电脑

（4）电子图书馆的图书资料都在哪里？

☐
- A. 书架上
- B. 桌子上
- C. 图书管理员那里
- D. 电脑里

4. 根据短文内容，判断对错。

	对	错
（1）在未来的电子化图书馆里，没有书架。	☐	☐
（2）电子图书馆里只可以看书。	☐	☐
（3）华南虎、东北虎能把你带到深山和丛林里进行考察。	☐	☐
（4）电子化图书馆里的工作全部由工作人员管理。	☐	☐
（5）电子图书馆里有成千上万的图书资料。	☐	☐

五、听力文本

电子化图书馆

在未来的电子化图书馆里，看不到一排排书架，也没有各种各样的图书资料，我们看到的是一台台设有荧光屏的阅览台。

当你在阅览台前坐下以后，要看什么书，只要把书名输入阅览台，荧光屏上马上就会放映出来。如果你对书中的一幅漂亮的插图十分喜爱，只要按一下，几秒钟之内，复制品就会送到你手里。

电子图书馆里，还能放映电影。如果你想看老虎在野外的生活，可以直接向阅览台提出要求，荧光屏上马上就会出现华南虎、东北虎捕食的画面，就像把你带到深山、丛林里进行考察一样，给人留下很深的印象。

在电子化图书馆里，看不到一个图书管理员，这里的一切工作全部由电脑来控制。电脑里拥有成千上万的图书资料。一大张报纸，用一厘米大小的微型胶卷就可以容纳下。一个拥有 5,500 万册藏书的中型图书馆，只要四盘胶卷就能把全部藏书储存起来。

资料来源：《轻松阅读》

听力训练二

一、听前热身

1. 你每天在电脑上花多长时间？

2. 你通常用电脑做什么？

3. 你的爸爸、妈妈、爷爷、奶奶都会用电脑吗？他们用电脑做什么？

4. 你家里有几台电脑？

5. 对你来说，电脑最大的用处是什么？

二、重点词语

1. 好处 hǎo chù benefit

2. 诞生 dàn shēng to be born

3. 随后 suí hòu soon after

4. 网络 wǎng luò network

5. 电子邮箱 diàn zǐ yóu xiāng email box

6. 地区 dì qū district; area

7. 随时 suí shí at any time

8. 传递 chuán dì to transmit

9. 信息 xìn xī information

10. 速度 sù dù speed

11. 倍 bèi times

12. 查阅 chá yuè to consult; to look up

13. 丰富 fēng fù rich

14. 网上购物 wǎng shang gòu wù online shopping

15. 消费品 xiāo fèi pǐn consumption

16. 眼花缭乱 yǎn huā liáo luàn to be dazzled

17. 数不胜数 shǔ bú shèng shǔ countless

18. 性格 xìng gé personality

19. 内向 nèi xiàng introverted

20. 不好意思 bù hǎo yì si to feel embarrassed

<table>
<tr><td>21. 因特网 internet
_{yīn tè wǎng}</td><td>27. 随便 do at one's will
_{suí biàn}</td></tr>
</table>

21. _{yīn tè wǎng} 因特网 internet

22. _{fā yù} 发育 to develop

23. _{zuò yòng} 作用 function

24. _{shǔ biāo} 鼠标 mouse

25. _{bù zhí dé} 不值得 unworthy

26. _{huā qián} 花钱 to spend money

27. _{suí biàn} 随便 do at one's will

28. _{jié yuē} 节约 to save

关联词

_{chú le} 除了……_{wài} 外，_{hái} 还…… apart from..., also...

三、重点疑问表达

哪些　　哪年　　什么　　怎么

四、听力理解练习

听两遍短文，完成以下练习。 🎧 07-2

1. 根据短文内容，回答下面的问题。

（1）短文里说出了电脑的哪些好处？请写出五点。

_____

（2）电脑是在哪年出现的？

_____

（3）电脑出现之后又出现了什么？

_____

（4）现在的人除了出门买东西，还可以怎么买东西？

_____

（5）如果不想去电影院看电影，还可以怎么看？

_____

2. 根据短文内容，判断对错。

	对	错
（1）用电脑和别人通信比传统的通信方式快得多。	☐	☐
（2）在网上买东西虽然方便，但是买不到又便宜又好看的东西。	☐	☐
（3）适度玩儿电脑游戏对脑部发育是有好处的。	☐	☐
（4）有些人因为买不起电影票所以在电脑上看电影。	☐	☐
（5）网上电影是免费的。	☐	☐

五、听力文本

使用电脑的好处

快速：电脑于 1984 年诞生，随后就有了网络，有了网络就有了电子邮箱。正因为有了电脑、网络、电子邮箱，所以地区与地区之间、亲人与亲人之间随时能传递任何信息，网络的速度比以前传递信息的方式快上了 10 倍，甚至 100 倍以上。

查阅资料：说起查阅资料，大家肯定都会想到"去网上查吧"。是的，如今，我们不用出门就能查阅到丰富的资料。

网上购物：现在人们不用出门，坐在家里就可以买到又便宜又好看的东西，包括玩具、生活用品、消费品等，让你眼花缭乱，数不胜数。

网上交友聊天：现在大多数人性格都很内向，不好意思跟陌生人说话，而现在电脑中有了因特网，它可以使任何两个人互相交流，与陌生人交流也不用怕。

网上游戏：许多人白天忙于工作，压力很大，选择游戏来放松心情也不是一件坏事，适当玩儿游戏，还具有促进对脑部发育的作用。

网上找工作：现在，在电脑桌前轻点鼠标便可找到适合自己的工作。

网上看电影、看小说：电影院虽然好，但电影票不便宜。有些人觉得花那么多钱去看一场电影太不值得。有些人喜欢看小说，但又觉得小说是纸做的书，你必须要花钱买，但是，看完以后就没有什么用了，造成了很大的浪费。在网上看电影除了不用花钱外，还可以随便选看。在网上看小说也是一样，网上的小说很多，在网上看小说还可以节约纸张。

词语巩固

把左边的词语和右边的解释配对。

☐（1）诞生	A. 节省
☐（2）随时	B. 因为太多而看不清楚
☐（3）眼花缭乱	C. 五花八门
☐（4）内向	D. 任何时候
☐（5）节约	E. 出生
	F. 害羞
	G. 有时
	H. 简约

文化扩展

中国的四大发明

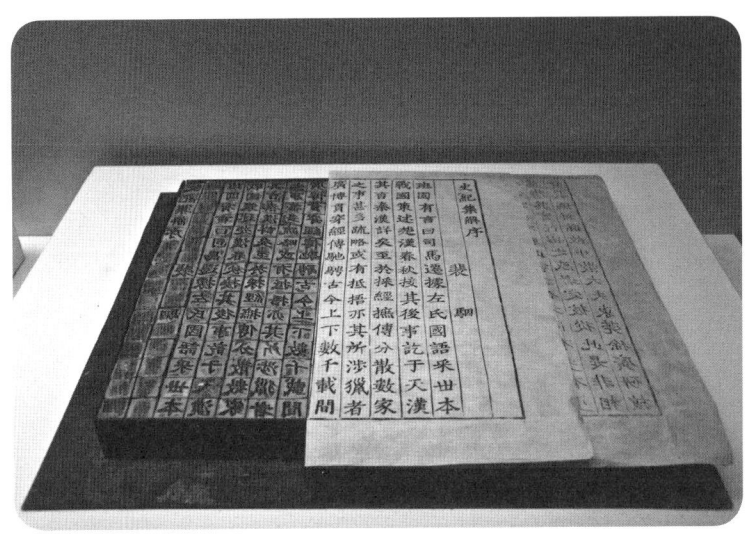

四大发明是关于中国科学技术史的一种论说，是指古代中国的四种发明，包括造纸术、指南针、火药、活字印刷术。这四种发明对中国古代的政治、经济、文化的发展产生了巨大的推动作用。这些发明经由各种途径传至西方，对世界文明发展史也产生了很大的影响。

造纸术对知识的保存及资讯的传播有不少影响。指南针是一种用于指示方向的工具，广泛应用于航海、野外探险等领域，早在古代已对贸易、战争和文化交流产生了深远影响。火药除了可制作烟花和炮仗，亦被运用到战争上作军事用途。活字印刷术是现代印刷术的前身，与造纸术一样对知识的保存和传播产生了很大影响。

? 思考题

1. 其实，中国古代的发明有千千万万，但为什么只有印刷术、造纸术、火药和指南针被称为中国的四大发明呢？

2. 是不是所有的发展都能推动人类和社会的进步？请说明你的观点。

主题三
发明创造

08

网络世界

听力训练一

一、听前热身

1. 你和父母吵过架吗？

2. 你们吵架的原因通常是什么？

3. 和父母吵架之后，你会怎么做？

4. 你觉得自己和父母之间有代沟吗？

5. 你认为怎么做可以减小代沟？

二、重点词语

1. 转学 zhuǎn xué to transfer to another school

2. 参加 cān jiā to participate

3. 集中全力 jí zhōng quán lì to focus one's attention on

4. 课外活动 kè wài huó dòng extra-curricular activity

5. 娱乐 yú lè entertainment

6. 日常生活 rì cháng shēng huó ordinary life; daily life

7. 处理 chǔ lǐ to handle

8. 脑子 nǎo zi brain

9. 应付 yìng fu to deal with

10. 压力 yā lì pressure

11. 减轻 jiǎn qīng to ease

12. 电脑游戏 diàn nǎo yóu xì computer game

13. 聊天 liáo tiān to chat

14. 放松 fàng sōng to relax

15. 专心 zhuān xīn to concentrate

16. 通常 tōng cháng generally

17. 爬山 pá shān to go hiking

18. 当然 dāng rán of course

19. 笑口常开 xiào kǒu cháng kāi to keep smiling

关联词

1. 如果^{rú guǒ}⋯⋯就^{jiù} if...(then)...
2. 从^{cóng}⋯⋯到^{dào}⋯⋯ from...to...
3. 不是^{bú shì}⋯⋯而是^{ér shì}⋯⋯ not...but...

三、重点疑问表达

做什么　　哪几个　　哪里　　谁　　几个

四、听力理解练习

听两遍短文，完成以下练习。 🎧 08-1

1. 根据短文内容，回答下面的问题。

（1）妈妈觉得我应该做什么，不应该做什么？

_____

（2）我觉得学生日常生活中的两件事是什么？

_____

（3）我认为学生的压力来自哪几个方面？请写出两个例子。

_____

（4）我放学回家后、吃晚饭前会做什么？请写出三件事。

_____

（5）我周末做什么？请写出三件事。

_____

2. 根据短文内容，从右边选择合适的选项完成句子。

<table>
<tr><td></td><td>（1）我最近参加了</td><td>A. 去训练。</td></tr>
<tr><td></td><td>（2）学习和娱乐</td><td>B. 是我们生活中的两大部分。</td></tr>
<tr><td></td><td>（3）我们每天吸收</td><td>C. 爬山活动。</td></tr>
<tr><td></td><td>（4）减轻压力的最好的办法</td><td>D. 起床去上学。</td></tr>
<tr><td></td><td>（5）每天早上我要很早</td><td>E. 就是娱乐。</td></tr>
<tr><td></td><td></td><td>F. 学校的足球队。</td></tr>
<tr><td></td><td></td><td>G. 各种不同的知识。</td></tr>
<tr><td></td><td></td><td>H. 就是不要做太多作业。</td></tr>
<tr><td></td><td></td><td>I. 是相互冲突的。</td></tr>
</table>

3. 根据短文内容，用正确的词语填空。

（1）我的朋友转学去了 _____。

（2）我参加了学校的 _____ 队。

（3）为了参加课外活动的问题，我跟 _____ 吵架了。

（4）我每天从 _____ 到 _____ 在学校上课。

（5）我通常用 _____ 个小时就可以把作业做完。

五、听力文本

吵架

小新：

　　你好！自从你转学去上海之后，我们就很少见面了。你在上海一切都好吗？

　　我最近有点儿不开心，因为我参加了学校的足球队，每个星期有两天放学后要留在学校训练，可是妈妈觉得我明年要考大学了，我应该集中全力复习，不应该再参加任何课外活动了。为了这件事，我已经和妈妈吵了两次架。我不高兴，妈妈也不高兴。

我觉得，学习和娱乐是我们学生日常生活中的两大部分。如果能很好地处理学习和娱乐的关系，我们的生活就会非常快乐。

你想想，我每天从早上八点到下午三点半在学校上课，一节课接着一节课，我的脑子忙着吸收各种不同的知识，回到家还要做作业，有时候还有考试要应付，压力非常大。而减轻压力的最好的办法就是娱乐。

我不知道你放学回家后先做什么。我一般回到家后，不是马上做作业，而是先看一会儿电视，然后玩儿一会儿电脑游戏，有时候还会给朋友打电话聊天，还有时候和朋友出去打球。这些都是娱乐，都可以让我放松。我们家一般在六点半吃晚饭，吃完晚饭后，我就开始专心做作业，通常我用三个小时就可以把作业做完。我晚上十一点前一定去睡觉，因为第二天早上我要很早就起床去上学。

周末是我放松、休息的时间，我不喜欢在周末做太多作业。所以，星期六和星期日我一般都和家人或朋友出去爬山、看电影、吃饭等等。当然，如果有时间，我也会做一些作业，但是，我不会让我自己做太多作业。

你呢？你有课外活动吗？有空来信聊聊。

祝

笑口常开！

小虎

十月三日

听力训练二

一、听前热身

1. 你有在网上交的朋友吗？

2. 为什么你喜欢／不喜欢在网上交朋友？

3. 你网上交的朋友都是哪国人？

4. 你每天会花多少时间在网上和朋友聊天？

5. 怎么才能知道网上交的朋友多大年纪了？

二、重点词语

1. 郁闷 yù mèn depressed

2. 心里话 xīn lǐ huà innermost thoughts and feelings

3. 迷上 mí shang to be addicted

4. 网上交朋友 wǎng shang jiāo péng you to make friends online

5. 危险 wēi xiǎn dangerous

6. 有机会 yǒu jī huì to have an opportunity

7. 世界各地 shì jiè gè dì all over the world

8. 受骗 shòu pàn to be cheated

9. 真名 zhēn míng real name

10. 小心 xiǎo xīn to be careful

11. 同意 tóng yì to agree

12. 说法 shuō fǎ saying

关联词

1. 虽然如此……还是…… suī rán rú cǐ...hái shì although...still

2. 只要 zhǐ yào as long as

三、重点疑问表达

谁　　怎么样　　多大　　哪两个

四、听力理解练习

听两遍短文，完成以下练习。 🎧 08-2

1. 根据短文内容，回答下面的问题。

（1）这封电子邮件是写给谁的？

_____

（2）写电子邮件的人心情怎么样？为什么？

_____

（3）写电子邮件的人多大了？

_____

（4）网上交朋友有哪两个好处？

_____

（5）网上交朋友有哪两个坏处？

_____

2. 分段听录音，根据短文内容，选择正确的答案。

（1）第二段的段意是

> A. 我喜欢网上交友，但父母不喜欢
>
> B. 我喜欢网上交友，父母也喜欢
>
> C. 我不喜欢网上交友，但父母喜欢
>
> D. 我不喜欢网上交友，父母也不喜欢

（2）第三段的段意是

□
      A. 网上交友的利大于弊

      B. 网上交友的弊大于利

      C. 网上交友的好处

      D. 网上交友的坏处

（3）第四段的段意是

□
      A. 网上交友的利大于弊

      B. 网上交友的弊大于利

      C. 网上交友的好处

      D. 网上交友的坏处

（4）第五段的段意是

□
      A. 网上交友很重要

      B. 网上交友不安全

      C. 网上交友要小心

      D. 网上交友不可靠

3. 根据短文内容，选出四个正确的叙述。

□
□
□
□
      A. 网上可以找到很多在世界各地生活的朋友。

      B. 网上的人都不是好人，很危险。

      C. 十七岁的人还不成熟，不知道什么好，什么不好。

      D. 在网上交朋友有助于学习更多的语言。

      E. 在网上交朋友不太容易受骗。

      F. 网上的人都不用真名。

      G. 在网上交朋友一定要小心。

      H. 这封电邮是圆圆写给方方的。

五、听力文本

网上交朋友

2009 年 3 月 22 日   晚上 23:05:25

发件人：圆圆（yuanyuan@mahu.com）

收件人：方方（fangfang@coolmail.com）

主题：很郁闷

方方：

　　很多天没见你上网了，上哪儿去了？我最近感到很郁闷，想找人说说心里话。

　　我现在迷上了在网上交朋友，我觉得在网上可以找到很多朋友，他们在世界上的不同国家生活和学习，非常有意思。但是，我的父母说，我不应该在网上交朋友，因为会遇到不好的朋友，很危险。

　　我已经十七岁了，知道什么好，什么不好。我知道在网上交朋友可以让我有机会了解更多国家的文化，因为网上的朋友来自世界各地。在网上交朋友也可以让我学习更多的语言，用不同的语言跟朋友聊天非常有意思。

　　除了以上的好处，我也知道，在网上交朋友容易受骗。有些人会骗你的感情，也有些人会骗你的金钱。网上的人有时候不用他们的真名，也不说他们的真实年龄，所以你不知道你交的朋友是什么样的人。

　　虽然如此，网上还是有很多人是好的。只要我们小心一点儿，我觉得是可以交到好朋友的。方方，你同意我的说法吗？

圆圆

词语巩固

选择与下列词语意思最接近的一项。

（1）训练 ☐

    A. 练习   B. 练功   C. 训斥   D. 训导

（2）吵架 ☐

    A. 吵闹   B. 打架   C. 争吵   D. 吵人

（3）知识 ☐

    A. 知道   B. 学识   C. 认识   D. 通知

（4）一定 ☐

    A. 肯定   B. 一般   C. 可能   D. 一边

（5）周末 ☐

    A. 星期一   B. 星期三   C. 星期五   D. 星期日

文化扩展

在线教育

　　"在线教育"也就是 Online Learning。随着信息技术和互联网的迅速发展，跨时空的生活、工作和学习方式使知识获取的方式发生了根本变化。教与学不再受时间、空间和地点的限制。获取知识的渠道变得灵活和多样化。

　　在线教育自 1998 年出现以来，先在世界范围内兴起，然后从北美、欧洲迅速扩展到亚洲地区。现在，越来越多的中国大学和公司都开办了在线教育课程，借助网络课件，令学生随时随地参与学习，真正打破了时间和空间的限制。对于工作繁忙、学习时间不固定的在职人士而言，在线教育无疑是最方便不过的学习方式了。

❔ 思考题

1. 你认为随着"在线教育"的普及，今后还需要学校吗？
2. 你认为"在线教育"的优点和缺点分别是什么？

主题三
发明创造

09

网上招聘广告

听力训练

一、听前热身

1. 你有没有做过暑期工？

2. 如果要做暑期工，你会通过什么方式去找？

3. 如果要做暑期工，你会选择什么样的工作？

4. 你有没有上网找工作的经历？

5. 你觉得网上的广告可信吗？

二、重点词语

1. 肯德基 kěn dé jī Kentucky Fried Chicken (KFC)

2. 招聘 zhāo pìn to recruit

3. 餐饮集团 cān yǐn jí tuán catering group

4. 有限公司 yǒu xiàn gōng sī company limited

5. 连锁 lián suǒ chain

6. 严格 yán gé strict

7. 清洁 qīng jié clean

8. 优雅 yōu yǎ grace

9. 用餐环境 yòng cān huán jìng dining environment

10. 顾客 gù kè customer

11. 团队合作 tuán duì hé zuò team cooperation

12. 完善 wán shàn perfect

13. 培训 péi xùn to train

14. 福利 fú lì welfare

15. 进修 jìn xiū to engage in advanced studies

16. 潜力 qián lì potential

17. 充分 chōng fèn fully

18. 发挥 fā huī to bring into play

19. 活力 huó lì vitality

20. 施展才华 shī zhǎn cái huá to show the talent

21. 服务员 fú wù yuán waiter

22. 兼职 jiān zhí part-time job

23. 具备 jù bèi to have; to possess

24. 服务行业 fú wù háng yè service industry

25. 快节奏 kuài jié zòu fast rhythm

26. 附带 fù dài attached

27. 表格 biǎo gé form

28. 指定日期 zhǐ dìng rì qī fixed date

29. 人事部 rén shì bù Human Resources Department

30. 一旦 yí dàn in case

31. 录用 lù yòng to employ

32. 外商 wài shāng foreign business man

33. 投资 tóu zī to invest

34. 企业 qǐ yè enterprise

35. 优厚 yōu hòu munificent

36. 待遇 dài yù treatment

三、重点疑问表达

哪个　　多少　　怎么样　　什么样

四、听力理解练习

听两遍短文，完成以下练习。 🎧 09

1. 根据短文内容，回答下面的问题。

（1）这是哪个城市的肯德基招聘广告？

_____

（2）肯德基在全世界多少个国家有餐厅？

_____

（3）肯德基在中国有多少家餐厅？

_____

（4）肯德基的管理怎么样？

_____

（5）肯德基给顾客留下了什么样的印象？

_____

2. 分段听录音，根据短文内容，把左边的段落和右边的段意搭配起来。

☐	（1）第一段	A. 肯德基的发展计划
☐	（2）第二段	B. 申请时间
☐	（3）第四段	C. 申请方法
☐	（4）第五段	D. 对肯德基的简单介绍
		E. 肯德基为什么吸引年轻人去消费
		F. 申请条件
		G. 肯德基为什么吸引年轻人去工作

3. 根据短文内容，判断对错。

	对	错
（1）肯德基在中国有 34,000 多家餐厅。	☐	☐
（2）在上海的肯德基餐厅还将会越来越多。	☐	☐
（3）这个广告是为了找全职的服务员。	☐	☐
（4）所有的中学毕业生都可以申请这份工作。	☐	☐
（5）如果你不喜欢服务行业就不要申请这份工作。	☐	☐

五、听力文本

上海肯德基（KFC）招聘广告

肯德基是世界上最大的餐饮集团，在全球100多个国家拥有34,000多家餐厅。到目前为止，肯德基在全国400多个城市已经拥有2,000多家餐厅。上海肯德基有限公司成立于1989年，现有200多家连锁餐厅遍布全市，并继续以更快的速度发展。严格的管理，清洁优雅的用餐环境，令肯德基在广大顾客心里留下了美好的印象。

肯德基坚持团队合作精神，为员工提供完善的培训、福利和个人进修计划，使每位员工的潜力得到最充分的发挥。正是这个原因，越来越多优秀的年轻人加入到肯德基这个大家庭里来。

作为世界上成功的连锁快餐店之一，我们欢迎您成为这个充满活力与理想的团队的一员，希望你能在肯德基施展才华，实现你的理想。

餐厅服务员（兼职）

你需具备：

年满18周岁；

对服务行业充满热情；

身体健康；

能适应快节奏的工作；

良好的沟通能力。

有兴趣的人请填好附带的申请表格，并在指定日期前寄回公司人事部。以上人员一旦被录用，就可以享受外商投资企业优厚的福利待遇。

资料来源：就业网

词语巩固

把左边的词语与右边的词语配对。

☐	（1）用餐环境	A. 快节奏的工作
☐	（2）充分发挥	B. 福利待遇
☐	（3）享受优厚的	C. 清洁优雅
☐	（4）具备良好的	D. 员工的潜力
☐	（5）适应	E. 沟通能力

文化扩展

广告的出现

广告出现的历史十分悠久，考古学家从古代废墟的遗址里发现了广告的踪影。

早期的广告以事务性广告为主，例如在古埃及有用莎草纸制作销售推广或寻找失物的广告海报；在古印度有透过壁画的形式来达至商业宣传效果的广告。

现代广告大约在 17 世纪的英国开始出现，当时的广告是报章内的宣传，以书籍的销售为主，后来因为宣传效果良好，医药产品也开始采用这种宣传途径。

在亚洲，最早期的广告出现于

北宋时期，当时主要是为了突显商品质量而制作，以产品及品牌宣传为主。到了 19 世纪初，欧洲式的广告开始在日本的江户出现。

互联网为广告开拓了新的发展空间。时至今日，广告的发展从形式、内容到表达手法均已演变得五花八门。

思考题

1. 广告的作用是什么？
2. 你觉得广告的内容可信吗？

主题四

社会组织

升学与未来工作

听力训练一

一、听前热身

1. 你学汉语多长时间了？

2. 你喜欢学习汉语吗？

3. 你为什么要学习汉语？

4. 你以后想去哪儿上大学？

5. 你在大学里想学什么专业？

二、重点词语

1. 尊敬 to respect
2. 负责人 person-in-charge
3. 毕业 to graduate
4. 贵校 (polite) your school
5. 继续 to continue
6. 另外 additionally
7. 将来 future
8. 至关重要 of great importance
9. 适合 suitable
10. 人选 candidate
11. 名列前茅 to be among the best
12. 一直 all the time
13. 参观 to visit
14. 名胜古迹 scenic spots and historical sites
15. 长城 the Great Wall
16. 故宫 the Imperial Palace; the Forbidden City
17. 颐和园 the Summer Palace
18. 国家博物馆 the National Museum

19. <ruby>天安门<rt>tiān ān mén</rt></ruby> Tian-an-men

20. <ruby>人民大会堂<rt>rén mín dà huì táng</rt></ruby> the Great Hall of the People

21. <ruby>交流<rt>jiāo liú</rt></ruby> to communicate

22. <ruby>经历<rt>jīng lì</rt></ruby> experience

23. <ruby>混血儿<rt>hùn xuè ér</rt></ruby> a person of mixed blood

24. <ruby>亲戚<rt>qīn qi</rt></ruby> relative

25. <ruby>希望<rt>xī wàng</rt></ruby> to hope

26. <ruby>听说<rt>tīng shuō</rt></ruby> it is said

27. <ruby>气氛<rt>qì fēn</rt></ruby> atmosphere

28. <ruby>决心<rt>jué xīn</rt></ruby> determination

29. <ruby>信心<rt>xìn xīn</rt></ruby> confidence

30. <ruby>理想<rt>lǐ xiǎng</rt></ruby> ideal

31. <ruby>翻译<rt>fān yì</rt></ruby> interpreter; translator

32. <ruby>促进<rt>cù jìn</rt></ruby> to stimulate

33. <ruby>友谊<rt>yǒu yì</rt></ruby> friendship

34. <ruby>考虑<rt>kǎo lǜ</rt></ruby> to consider

35. <ruby>申请<rt>shēn qǐng</rt></ruby> to apply for

关联词

1. <ruby>首先<rt>shǒu xiān</rt></ruby>……<ruby>其次<rt>qí cì</rt></ruby>…… first of all... secondly...

2. <ruby>虽然<rt>suī rán</rt></ruby>……<ruby>可是<rt>kě shì</rt></ruby> although...but

3. <ruby>对<rt>duì</rt></ruby>……<ruby>有兴趣<rt>yǒu xìng qù</rt></ruby> to be interested in

4. <ruby>跟<rt>gēn</rt></ruby>……<ruby>一起<rt>yì qǐ</rt></ruby> together with

三、重点疑问表达

哪国人　　哪个城市　　什么

四、听力理解练习

听两遍短文，完成以下练习。 🎧 10-1

1. 根据短文内容，回答下面的问题。

（1）马红明是哪国人？

_____

（2）马红明住在哪个城市？

_____

（3）马红明的学校叫什么名字？

_____

（4）马红明写这封信的目的是什么？

_____

2. 分段听录音，根据短文内容，选择正确的答案。

（1）第一段的段意是

☐
　　A. 申请当中文老师
　　B. 申请学中文的原因
　　C. 介绍自己的学校
　　D. 自己的中文成绩

（2）第二段的段意是

☐
　　A. 自己的学习成绩
　　B. 自己的中文成绩
　　C. 为什么喜欢学中文
　　D. 学中文的好处

（3）第三段的段意是

☐
A. 对去中国旅游的兴趣

B. 想见爷爷奶奶

C. 对中国文化和历史的兴趣

D. 想和中国人谈话

（4）第四段的段意是

☐
A. 学汉语的气氛

B. 学汉语的目的

C. 学汉语不容易

D. 申请做中文翻译

3. 根据短文内容，判断对错。

	对	错
（1）马红明中学毕业后想去中国工作。	☐	☐
（2）马红明在中学的时候就开始学汉语了。	☐	☐
（3）马红明去年和同学一起去北京旅游过一次。	☐	☐
（4）马红明的爸爸妈妈都是美国人。	☐	☐
（5）马红明将来想做翻译工作。	☐	☐

五、听力文本

申请进大学中文系学汉语

尊敬的中文系负责人：

您好！我叫马红明，是美国人。我现在是香港英国国际学校的高中生，还有一年我就要中学毕业了。中学毕业以后，我想进入贵校的中文系继续学习汉语，因为我觉得汉语是一个非常重要的语言。另外，我觉得汉语对我将来的工作至关重要。同时，我还认为我是非常适合进入贵校的中文系学习的人选。

首先，我想介绍的是，我在中学的汉语成绩一直名列前茅。我学汉语已经学了十年了。虽然我今年学习六门课，可是汉语一直是我最喜欢的科目。当然，我其他的五门课也都学得不错。

其次，我对中国的历史、文化和语言文字都非常有兴趣。去年，我跟同学们一起去北京学习了一个月。在那一个月里，我们参观了很多名胜古迹，比如长城、故宫、颐和园、国家博物馆、天安门、人民大会堂等地方。我们还和北京大学和清华大学的学生们进行了交流。那次经历使我学到了很多东西，所以，我决定继续学习汉语。因为我是中美混血儿，学好汉语就能和中国人交流，跟我的爷爷、奶奶以及其他亲戚谈话，非常有用。

我很希望在大学学习汉语，因为听说贵校是学汉语最好的地方，您们有非常好的老师，学习气氛也很好。我觉得在贵校能学到很多东西。当然我知道学好汉语一点儿也不容易，可是我有决心和信心学好汉语。我的理想是当一名中文翻译，做一些促进中美两国友谊和交流的事情。

希望您能考虑我的申请。

此致

敬礼！

马红明

2010 年 2 月 28 号

听力训练二

一、听前热身

1. 你有家教吗？为什么要找 / 不找家教？

2. 你有没有教过别人英语？

3. 你觉得什么样的人可以做家教？

4. 你认为什么样的学生需要家教的帮助？

5. 你想去做家教吗？为什么？

二、重点词语

1. shè qū 社区 community

2. guǎng gào 广告 advertisement

3. jiā jiào 家教 home tutor

4. ài xīn 爱心 love

5. nài xīn 耐心 patience

6. yì gōng 义工 volunteer work

7. tiǎo zhàn zhōu 挑战周 Challenge Week

8. jìng lǎo yuàn 敬老院 old people's home

9. jīng yàn 经验 experience

10. rèn wéi 认为 to think; to believe

11. chéng jì 成绩 result

12. zhì zuò 制作 to make

13. lè qù 乐趣 fun

14. líng huó 灵活 flexible

关联词

1. bù jǐn ...... yě ...... 不仅……也…… not only...but also...

2. chú le ...... yě ...... 除了……也…… except/besides...also

三、重点疑问表达

什么　　怎么样　　哪两个　　哪里

四、听力理解练习

听两遍短文，完成以下练习。 🎧 10-2

1. 根据短文内容，回答下面的问题。

（1）这个广告是关于什么的？

_____

（2）李小朋的性格怎么样？

_____

（3）李小朋做过哪两个工作？

_____

（4）李小朋是在哪里出生的？

_____

（5）李小朋在家里说什么语言？

_____

2. 根据短文内容，选择正确的答案。

（1）李小朋是从哪儿知道有人找家教的？　　□

　　A. 报纸　　　　B. 杂志　　　　C. 电视　　　　D. 社区广告

（2）为什么李小朋觉得他适合做家教的工作？　　□

　　A. 他有信心和耐心　　　　B. 他有爱心和耐心

　　C. 他有爱心和决心　　　　D. 他有信心和决心

（3）李小朋哪些课程学得比较好？ □

　　A. 中文、音乐、科学　　　B. 中文、化学、音乐

　　C. 中文、数学、音乐　　　D. 中文、科学、化学

（4）李小朋有哪些爱好？ □

　　A. 打球、唱歌　　　B. 唱歌、跳舞

　　C. 玩儿电脑游戏、跳舞　　　D. 打球、玩儿电脑游戏

（5）李小朋什么时间比较方便工作？ □

　　A. 上午　　　B. 下午　　　C. 晚上　　　D. 任何时候

3. 根据短文内容，选出四个正确的叙述。

□
□
□
□

A. 李小朋对做家教很有兴趣，所以想申请家教这个工作。

B. 李小朋有爱心和耐心，所以觉得自己是一个合适的人选。

C. 李小朋初中的时候，学校带他们去做过义工。

D. 李小朋只在香港教过英文。

E. 李小朋还没有教学经验。

F. 李小朋是在英国出生的中国人。

G. 李小朋从小就开始学中文。

H. 李小朋明年要考大学。

五、听力文本

申请家教的工作

尊敬的王先生：

　　你好！我刚考完大学，看到社区广告中有人想找一个家教。我对这个工作很有兴趣，想申请这个工作。

　　我觉得我挺适合这个工作的，因为我有爱心，也有耐心。以前在高中的时候，学校也让我们去做过义工。我们学校每年都有一个星期的"挑战周"活动。在那些活动中，我去了一些香港和中国内地的学校教英文，也去过敬

老院做义工。这些活动不仅让我认识了新的朋友，也让我有了更多的自信心，同时还给了我很多教学的经验。我认为，不论是教英文还是做义工，都需要爱心，也需要耐心。

我虽然是在英国出生，但是，我是中国人。我在家都是说中文的，而且，我从小开始学中文，在英国中等程度会考和高等程度会考中都有非常好的成绩。除了中文，我的数学和音乐也很好。我也可以教小学生数学和音乐。

我有很多爱好，我喜欢打球、唱歌，还会制作游戏卡。我喜欢用唱歌和游戏的方法教小朋友学习，让他们觉得学习是一种乐趣。

我现在刚考完大学，每天没有太多的事，所以我的时间很多，也很灵活。作为一个家教，我想时间上的灵活性也是非常重要的。

希望你考虑我的申请。

此致
敬礼！

李小朋

2009 年 8 月 10 日

词语巩固

把左边的词语和右边的解释配对。

□（1）将来	A. 不着急
□（2）至关重要	B. 不死板的
□（3）名列前茅	C. 以后
□（4）听说	D. 前几名
□（5）理想	E. 说话
□（6）耐心	F. 特别重要
□（7）灵活	G. 梦想
	H. 理论
	I. 听别人说的

文化扩展

孔子学院

孔子学院（Confucius Institute），是推广汉语和传播中国文化的教育和文化交流机构。孔子学院的其中一项重要工作就是给世界各地的汉语学习者提供规范、权威的现代汉语教材，提供正规、可靠的汉语学习渠道。孔子学院是 2007 年 4 月 9 日成立的，总部设在北京，主要采用中外合作的形式开办。

为推广汉语文化，中国在 1987 年成立了"国家对外汉语教学领导小组"，简称为"汉办"，孔子学院就是由"汉办"承办的。孔子是中国传统文化的代表人物，"汉办"继承了孔子的教学理念，以建设持久和平、共同繁荣的和谐世界为宗旨，推动了中国文化与世界各国文化的交流与融合。2004 年 11 月，全球首家孔子学院在韩国成立。目前孔子学院已有五百多所，遍布在全球一百四十多个国家（美洲及欧洲最多），成为了传播中国文化和推广汉语教学的全球品牌和平台。

ⓘ 思考题

1. 你知道谁是孔子吗？请了解一下孔子的生平事迹。

2. 孔子的教学理念是什么？他的教学理念对现代教学有什么影响？

主题四
社会组织

=

学校生活

听力训练一

一、听前热身

1. 你每天什么时候做运动？

2. 你参加过比赛吗？

3. 你参加过什么比赛？

4. 你在比赛中得过冠军吗？得冠军时的感觉怎么样？

5. 你有什么理想或梦想？

二、重点词语

1. 出人意料 chū rén yì liào unexpectedly

2. 击败 jī bài to defeat

3. 对手 duì shǒu opponent

4. 冠军 guàn jūn champion

5. 项目 xiàng mù project

6. 感想 gǎn xiǎng impressions; thoughts; reflections

7. 坚持不懈 jiān chí bú xiè to persist

8. 满意 mǎn yì to be satisfied

9. 说实在的 shuō shí zài de to be honest

10. 功劳 gōng láo contribution

11. 教练 jiào liàn coach

12. 意义 yì yì meaning

13. 展示才华 zhǎn shì cái huá to show the talent

14. 机会 jī huì opportunity

15. 收获 shōu huò harvest; acquisition

16. 增加 zēng jiā to rise to; to increase

17. 克服 kè fú to overcome

18. 勇气 yǒng qì courage

19. 场地 chǎng dì site

20. 加油 jiā yóu to cheer on; to encourage

21. 其实 qí shí actually

22. 培养 péi yǎng to train

23. 团队精神 tuán duì jīng shén team spirit

24. 互相 hù xiāng each other

25. 支持 zhī chí to support

26. 风气 fēng qì general mood; atmosphere

27. 关键 guān jiàn key

28. 接受 jiē shòu to receive

29. 采访 cǎi fǎng to interview

30. 再创佳绩 zài chuàng jiā jì to achieve good result again

三、重点疑问表达

为什么　　怎么样　　什么

四、听力理解练习

听两遍短文，完成以下练习。 🎧 11-1

1. 根据短文内容，回答下面的问题。

（1）马明在比赛前想过拿冠军吗？为什么？

_____

（2）运动会对马明来说有什么意义？

_____

（3）比赛场地的气氛怎么样？

_____

（4）运动会可以培养同学们什么精神？

_____

（5）记者对马明有什么希望？

_____

2. 根据短文内容，选择正确的答案。

（1）马明在 _____ 的学校运动会上出人意料地击败了所有对手。

    A. 去年   B. 今年   C. 昨天   D. 今天

（2）马明参加了 _____ 跑的比赛。

    A. 100 米   B. 200 米   C. 300 米   D. 400 米

（3）马明认为，有 _____ 、老师和教练的共同努力才取得了成功。

    A. 妈妈   B. 爸爸   C. 朋友   D. 同学

（4）参加运动会令马明增加了 _____ 和克服困难的勇气。

    A. 耐心   B. 自信心   C. 爱心   D. 恒心

3. 根据短文内容，判断对错。

	对	错
（1）马明在学校运动会取得了一百米跑的第一名。	☐	☐
（2）马明早就知道他可以拿到冠军。	☐	☐
（3）为了拿冠军，马明每天都会训练很长时间。	☐	☐
（4）运动会是一个能把自己运动才能表现出来的好机会。	☐	☐
（5）参加运动会最主要的目的就是争夺冠军。	☐	☐

五、听力文本

采访校运会冠军马明

马明在今年的学校运动会上出人意料地击败所有对手，夺得一百米跑冠军。

记者：首先祝贺你得到一百米跑冠军。

马明：谢谢！

记者：你对拿到这个项目的冠军有什么感想？

马明：说心里话，我在比赛前没想过拿冠军，因为平时训练得不太多。但是，我认为，只要坚持不懈，谁都可以拿冠军。

记者：你对今天取得的成绩感到满意吗？

马明：非常满意。今天我能取得这么好的成绩，说实在的，也不是我一个人的功劳。我们的同学、老师和教练在平时训练当中都付出了很多。

记者：运动会对你来说有什么意义？

马明：运动会是一个展示才华的非常好的机会。另外，运动会也给我带来很多收获。参加运动会，我不仅取得了冠军，更重要的是增加了我的自信心和克服困难的勇气。

记者：你觉得今天比赛场地的气氛怎么样？

马明：今天这里的气氛很好，很热闹。同学们都在为我们运动员加油。其实，运动上的成绩不是主要的，重要的是通过举办运动会，培养同学们的团队精神和互相鼓励、互相支持的好的风气。比赛场地上的热闹气氛，是运动员取得好成绩的关键。有观众的加油，运动员才能取得好成绩。

记者：说得太好了！谢谢你接受采访，希望你在明年的运动会上再创佳绩。

马明：谢谢！

听力训练二

一、听前热身

1. 你们学校有没有辩论队？

2. 你参加过辩论比赛吗？

3. 在中文课上老师有没有让你们对某件事进行辩论？

4. 支持肯定论点的是正方还是反方？

5. 辩论和演讲有什么区别？

二、重点词语

1.	校际 xiào jì interschool	11.	输 shū to be defeated
2.	初赛 chū sài first round competition	12.	改变 gǎi biàn to change
3.	复赛 fù sài second round competition	13.	超过 chāo guò to surpass
4.	半决赛 bàn jué sài semifinals	14.	想象 xiǎng xiàng imagination
5.	决赛 jué sài final	15.	指 zhǐ to refer to
6.	辩论 biàn lùn to debate	16.	思考 sī kǎo to consider
7.	老实 lǎo shí honest	17.	方式 fāng shì method
8.	被迫 bèi pò to be forced	18.	演讲 yǎn jiǎng speech
9.	之前 zhī qián before	19.	镇定 zhèn dìng calm
10.	失去 shī qù to lose	20.	有助于 yǒu zhù yú to be helpful

21. 时事新闻 current news
shí shì xīn wén

22. 关注 to pay attention
guān zhù

23. 台上 on stage
tái shang

24. 眼神 expression in one's eyes
yǎn shén

25. 专注 to focus
zhuān zhù

26. 尽情 to one's heart's content
jìn qíng

27. 享受 to enjoy
xiǎng shòu

28. 那一刻 that moment
nà yí kè

29. 队友 team-mates
duì yǒu

30. 一般来说 generally speaking
yì bān lái shuō

31. 挑选 to choose; to select
tiāo xuǎn

32. 总是 always
zǒng shì

33. 能力 capability
néng lì

34. 风格 style
fēng gé

35. 组织 to organize
zǔ zhī

36. 分析 to analyze
fēn xī

37. 擅长 to be good at
shàn cháng

38. 攻击 to attack
gōng jī

39. 论点 argument
lùn diǎn

40. 优势 superiority
yōu shì

41. 综合性 synthesis
zōng hé xìng

42. 提升 to promote
tí shēng

43. 抽时间 to make time
chōu shí jiān

关联词

1. 比如…… for example
bǐ rú

2. 无论……还是…… no matter...still to be...
wú lùn   hái shi

三、重点疑问表达

第几次　　哪两种　　什么样　　什么　　为什么

四、听力理解练习

听两遍短文，完成以下练习。 🎧 11-2

1. 根据短文内容，回答下面的问题。

（1）这是万方第几次参加辩论比赛？

_____

（2）万方觉得辩论让哪两种方式发生了改变？

_____

（3）万方对辩论比赛的态度有什么转变？

_____

（4）参加比赛的真正意义是什么？

_____

2. 根据短文内容，选择正确的答案。

（1）万方以前为什么不喜欢参加辩论比赛？

☐

  A. 参加辩论比赛要用去很多课外时间

  B. 自己的中文不太好

  C. 不知道怎么辩论

  D. 不喜欢在公众面前讲话

（2）参加辩论比赛的好处是什么？

☐

  A. 不用做作业

  B. 可以训练自己的说话方式

  C. 可以训练在台上的站立姿态

  D. 可以训练自己看观众的眼神

（3）一般来说，老师挑选辩论队员的条件是什么？

$\square$

A. 体育最好的

B. 做作业做得最快的

C. 最喜欢说话的

D. 学习成绩最好的

（4）辩论比赛是一个什么样的活动？

$\square$

A. 在台上表演的活动

B. 展示个人才能的活动

C. 团队合作的活动

D. 互相争吵的活动

3. 根据短文内容，从右边选择合适的选项完成句子。

$\square$ （1）记者今天采访了	A. 都是在课堂上学不到的。
$\square$ （2）万方和他的队友	B. 学校辩论队的队员万方。
$\square$ （3）这些经历	C. 接受访问。
$\square$ （4）记者感谢万方抽时间	D. 终于为学校赢得了冠军。

五、听力文本

采访学校辩论队的队员万方

在最近的一次校际辩论比赛中，万方和他的队友经过初赛、复赛、半决赛和决赛，终于为学校赢得了冠军。

记者：这是你第一次参加辩论比赛吗？

万方：是。

记者：你对参加这次辩论比赛有什么感想？

万方：老实告诉你，我是被迫去参加这次辩论比赛的。之前，我一点儿都不喜欢辩论，因为我觉得参加辩论比赛会用去我很多时间，我会失去很多玩儿或者做其他事情的机会。而且，我每天晚上回家后都会很累，比赛的时候还可能会输。

记者：那么，现在比赛结束了，你还是这么想吗？

万方：我的想法有改变。因为我觉得我从辩论比赛中得到的收获远远超过你的想象。

记者：你说的收获指的是哪些方面？

万方：比如说，辩论带给我们的是一种思考的方式，它也可以训练我们说话的方式，比如在公众面前演讲的镇定和信心。辩论也有助于提高我们对社会时事新闻的关注，还可以增进各队成员之间的友谊。这些经历都是在课堂上学不到的。

记者：那就是说，你现在已经喜欢上了辩论？

万方：对。当你站在台上比赛的时候，无论是二十个听众，还是两百个、两千个，你只要望一下他们的眼神，望望他们听你演讲的专注，然后尽情去享受那几分钟的辩论演讲，当你说"谢谢大家"的那一刻，你就会好喜欢辩论。

记者：你的队友都是些什么样的同学？

万方：一般来说，在挑选队员参加辩论队时，老师总是喜欢挑选最聪明的、学习成绩最好的或者辩论能力最强的学生。但是我们这个队就不同，我们的队员在中文发音上不一定都是最好的，但他们各有各的风格，比如有的人语言能力比较强，有的人组织分析能力较高，有的人擅长攻击对方的论点。我觉得辩论是个团队活动，应该让不同的性格和不同风格的学生参加，无论成绩好还是不好，中文水平高或者低都没关系，因为不同的学生可能会在不同的科目上有优势。辩论是一个综合性知识的活动，只是中文好是不够的。在比赛过程中让大家的能力得到提升，那才是参加比赛的真正意义。

记者：谢谢你抽时间接受我的访问。相信听了你的话以后，将会有更多的同学对辩论开始感兴趣。

词语巩固

1. 选择与下列词语意思最接近的一项。

（1）祝贺 ☐

　　A. 祝福　　　B. 恭贺　　　C. 祝愿　　　D. 贺礼

（2）功劳 ☐

　　A. 功课　　　B. 努力劳动　　　C. 努力结果　　　D. 功能

（3）加油 ☐

　　A. 打气　　　B. 打工　　　C. 增加　　　D. 加入

（4）接受 ☐

　　A. 受到　　　B. 接手　　　C. 接纳　　　D. 收受

（5）佳绩 ☐

　　A. 佳节　　　B. 佳作　　　C. 坏成绩　　　D. 好成绩

2. 把左边的词语和右边的解释配对。

☐ （1）专注	A. 在某方面有特长
☐ （2）尽情	B. 不经常的
☐ （3）总是	C. 马虎
☐ （4）擅长	D. 毫无保留的
☐ （5）提升	E. 一直
	F. 集中注意力做事
	G. 提高

文化扩展

2008 北京奥运会

第 29 届奥林匹克运动会，又称为北京奥运会，2008 年 8 月 8 日至 24 日在中华人民共和国首都北京举行。此届奥运会是中国首次举办夏季奥运会，也是继 1964 年东京奥运会和 1988 年汉城奥运会后，夏季奥运会第 3 次在亚洲国家举行。

2008 北京奥运会共打破了 43 项世界纪录及 132 项奥运会纪录，主办国中国以 51 枚金牌在奖牌榜名列第一名，是奥运会历史上第一个登上金牌榜首的亚洲国家。

2008 北京奥运会的会徽名为"中国印·舞动的北京"，将中国印、汉字"京"与奥运五环结合在一起；吉祥物为五个福娃（贝贝、晶晶、欢欢、迎迎、妮妮），是"北京欢迎你"的谐音，他们的颜色也是奥运五环的颜色；主题口号是"同一个世界，同一个梦想"（One World, One Dream）；主题歌是《我和你》（You and Me）。

⑦ 思考题

1. 什么是奥运精神？

2. 为什么很多国家都想举办奥运会？

主题四
社会组织

青少年成长

听力训练一

一、听前热身

1. 你在学校有多少好朋友？

2. 你们成为好朋友的原因有哪些？

3. 你跟好朋友在一起时会做什么？

4. 你的好朋友遇到困难时，你会怎么做？

5. 你的好朋友对你有哪些影响？

二、重点词语

1. 药方 yào fāng prescription
2. 文章 wén zhāng article
3. 主要 zhǔ yào main
4. 艾滋病 ài zī bìng AIDS
5. 躲 duǒ to avoid
6. 最后一刻 zuì hòu yí kè last moment
7. 珍贵 zhēn guì precious
8. 抱 bào to hold
9. 附近 fù jìn nearby
10. 孤独 gū dú lonely
11. 情感 qíng gǎn feeling
12. 摸脉 mō mài to feel pulse
13. 难过 nán guò sad
14. 幸运 xìng yùn lucky
15. 遗憾 yí hàn regretful
16. 全力以赴 quán lì yǐ fù to go all out; to spare no effort
17. 挽救 wǎn jiù to save; to rescue
18. 满足 mǎn zú to satisfy
19. 无法 wú fǎ cannot
20. 阻止 zǔ zhǐ to prevent; to stop

21. 温暖 _{wēn nuǎn} warmth

22. 驱逐 _{qū zhú} to banish

23. 燃起斗志 _{rán qǐ dòu zhì} to incite; to encourage

24. 遇到 _{yù dào} to encounter

25. 挫折 _{cuò zhé} setback

26. 陪伴 _{péi bàn} to accompany

27. 祈祷 _{qí dǎo} to pray

28. 字眼 _{zì yǎn} words

关联词

当……是…… _{dàng   shì} treat...as...

三、重点疑问表达

什么   为什么   什么时候   怎么样

四、听力理解练习

听两遍短文，完成以下练习。 🎧 12-1

1. 分段听录音，根据短文内容，回答下面的问题。

（1）根据第四段，人在孤独害怕的时候最希望的是什么？

_____

（2）根据第五段，人一生最不能缺少的是什么？为什么？

_____

2. 根据短文内容，用正确的词语填空。

（1）_____ 我看了一篇非常 _____ 的文章《生命的药方》，它在我的心里留下了很深的印象。课文主要讲德诺患上 _____，谁都躲着他，只有艾迪当他是 _____，在他生命的最后一刻给了他 _____ 和珍贵的 _____。

（2）当我读到"以后 _____，就抱着我的鞋，想想艾迪的臭鞋还在你的手里，艾迪肯定就在 _____。"这句话时，我 _____ 了。我终于知道了 _____ 的重要，明白了拥有一个 _____ 就是拥有一份理解。在你最 _____ 的时候，你的朋友会给你关爱，会给你 _____，会给你别人不能给的理解。所以我们要珍惜 _____，珍惜朋友之间的情感。

3. 根据短文内容，选出四个正确叙述。

A. 上个星期天我看了《生命的药方》。

B. 德诺因为得了艾滋病，几乎没有人愿意和他做朋友。

C. 艾迪喜欢抱着鞋睡觉。

D. 在孤独害怕的时候，一个人最需要的是亲人和朋友的关爱。

E. 德诺去世的时候是感到快乐的。

F. 我们每一个人都希望享受和朋友在一起的快乐。

G. 温暖可以驱逐死亡。

H. 世上最珍贵的爱是友情，最不能少的是朋友。

五、听力文本

朋友——读《生命的药方》

上个星期我看了一篇非常感人的文章《生命的药方》，它在我的心里留下了很深的印象。课文主要讲德诺患上艾滋病，谁都躲着他，只有艾迪当他是好朋友，在他生命的最后一刻给了他理解和珍贵的友谊。

当我读到"以后睡觉，就抱着我的鞋，想想艾迪的臭鞋还在你的手里，艾迪肯定就在附近。"这句话时，我哭了。我终于知道了友谊的重要，明白了拥有一个朋友就是拥有一份理解。在你最孤独害怕的时候，你的朋友会给你关爱，会给你快乐，会给你别人不能给的理解。所以我们要珍惜友谊，珍惜朋友之间的情感。

当我读到"可是，当医生赶来为德诺摸脉的时候，德诺却没有睁开眼睛。这次他真的死了。"时，我感到非常难过，但同时，我又为德诺能够在快乐中死去而感到幸运。我想，德诺一定不会因为他自己的死去而感到遗憾，因为他死前得到了一个全力以赴帮助他、挽救他的好朋友艾迪。他一定为有艾迪这样的好朋友而满足。

我们每个人都有孤独害怕的时候，我们都渴望和朋友在一起的快乐。虽然我们无法阻止疾病，但是我们可以献出爱心；虽然爱心无法将病痛减轻，但是可以将温暖留在心里；虽然温暖不能驱逐死亡，但是可以重新燃起斗志。

世上最珍贵的爱是友情，最不能少的是朋友。所以，当自己遇到挫折的时候，你要相信，你的朋友在心里陪伴着你，在心里为你祈祷、为你加油！

朋友和友情，多么美好的字眼。珍惜自己的朋友吧！好好对待我们的朋友吧！

听力训练二

一、听前热身

1. 哪些行为对青少年的成长没有好处？

2. 吸毒对青少年的身心健康有什么影响？

3. 如果你的好朋友吸毒，你会怎么做？

4. 你认为减轻压力最好的方法是什么？

二、重点词语

1. 吸毒 xī dú to take drugs

2. 近年 jìn nián in recent years

3. 泛滥 fàn làn flooding

4. 犯罪 fàn zuì to commit a crime

5. 现状 xiàn zhuàng current situation

6. 特点 tè diǎn characteristic

7. 规律 guī lǜ regulation

8. 探求 tàn qiú to probe

9. 趋势 qū shì trend

10. 为期 wéi qī duration

11. 情况 qíngkuàng circumstances

12. 聚 jù to get together

13. 身心健康 shēn xīn jiàn kāng physical and mental health

14. 成熟 chéng shú mature

15. 衰退 shuāi tuì decline

16. 营养不良 yíng yǎng bù liáng malnutrition

17. 抵抗力 dǐ kàng lì resistance

18. 神志不清 shén zhì bù qīng in a confused state of mind

19. 萎靡 wěi mǐ listless

20. 渴求 kě qiú to thirst for

21. 成瘾 chéng yǐn to be addicted

22. 高额消费 gāo é xiāo fèi high consumption

23. 承担 chéng dān to undertake

24. 不顾一切 bú gù yí qiè reckless

25. 卖掉 mài diào to sell

26. 必然 bì rán inevitable

27. 不和 bù hé not get along well with

28. 破裂 pò liè to burst

29. 亲人反目 qīn rén fǎn mù against each other among family members

30. 残害 cán hài to savage

31. 遭殃 zāo yāng to suffer

32. 威胁 wēi xié threat

33. 偷窃 tōu qiè to steal

34. 抢劫 qiǎng jié to rob

35. 诈骗 zhà piàn to cheat

36. 卖淫 mài yín prostitution

37. 昂贵 áng guì expensive

38. 稳定 wěn dìng stable

39. 好奇心 hào qí xīn curiosity

40. 探索 tàn suǒ to explore

41. 欲望 yù wàng desire; wish

42. 接触 jiē chù to contact

43. 误入歧途 wù rù qí tú to go astray

44. 不能自拔 bù néng zì bá unable to extricate oneself

45. 离婚 lí hūn to divorce

46. 误交损友 wù jiāo sǔn yǒu mistakenly make a bad friend

47. 分辨能力 fēn biàn néng lì ability to differentiate

48. 盲目从众 máng mù cóng zhòng blindly follow

49. 赶时髦 gǎn shí máo to follow trend

50. 扰乱 rǎo luàn to disturb

51. 治安 zhì ān public security

关联词

1. 受……的影响 shòu……de yǐng xiǎng to be influenced by...

2. 是……的 shì……de (emphasize)

三、重点疑问表达

什么　　什么人　　多长时间　　几个

四、听力理解练习

听两遍短文，完成以下练习。 🎧 12-2

1. 根据短文内容，回答下面的问题。

（1）这份调查报告是关于什么的？

_____

（2）这个调查的对象是什么人？

_____

（3）这个调查用了多长时间完成？

_____

（4）这份调查报告分了几个部分？

_____

2. 根据短文内容，从右边选择合适的选项完成句子。

☐	（1）青少年吸毒问题	A. 远离毒品。
☐	（2）吸毒者年龄	B. 越来越严重。
☐	（3）吸毒损害青少年的	C. 家庭生活。
☐	（4）吸毒严重影响	D. 身心健康。
☐	（5）青少年应该	E. 越来越小。

3. 根据短文内容，选出三个正确的叙述。

☐☐☐

    A. 青少年吸毒的问题比以前严重。

    B. 吸毒可以让人不断吃东西。

    C. 购买毒品需要很多钱。

    D. 据统计，70% 的人吸过一次毒之后就不再继续吸了。

    E. 青少年因为家里没人跟他一起玩儿所以去吸毒。

    F. 很多青少年吸毒是因为受到"损友"的影响。

五、听力文本

青少年吸毒的调查报告

    近年来受国际毒品泛滥的影响，青少年吸毒问题越来越严重，毒品问题也已经成为青少年犯罪的原因之一。为了进一步了解我所居住的地区青少年吸毒的现状、特点和规律，探求青少年吸毒新趋势和原因，我们进行了为期两个月的青少年吸毒问题调查，现将调查情况报告如下：

一、特点和趋势

1. 吸毒人数越来越多；

2. 吸毒者年龄越来越小；

3. 吸毒者文化程度普遍偏低；

4. 吸毒者喜欢聚在一起吸。

二、造成的危害

1. 损害青少年的身心健康：各类毒品对人体都有严重危害，尤其是青少年，身心发育还没有成熟，受到的危害更加严重。吸毒不仅导致青少年的记忆力衰退、营养不良、抵抗力下降、心脏病等，而且还会出现神志不清、精神萎靡等现象，还可以使吸毒者对毒品产生强烈的渴求，导致吸毒成瘾。

2. 严重影响家庭生活：吸毒是一种高额消费。据调查，吸毒所需的费用是青少年无法承担的。当他们毒瘾发作而又无钱买毒品时，他们就会不顾一切地把家里的财产偷拿出去卖掉，这必然导致家庭成员的不和，造成家庭破裂，亲人反目，甚至残害家庭成员，可谓"一人吸毒，全家遭殃"。另外，吸毒者因为吸毒而产生的多种严重疾病，比如心脏病、肝病、艾滋病等都给家人的健康带来很大的威胁。

3. 容易导致犯罪：据调查，因为没钱购买毒品，很多吸毒者采用偷窃、抢劫、诈骗、卖淫等犯罪手法获取金钱，购买昂贵的毒品，严重影响社会的稳定，给人民的生命财产和安全带来很大的危害。

三、原因分析

1. 强烈的好奇心：青少年具有强烈的好奇心和探索欲望。调查中，我们发现大多数青少年开始接触毒品往往出自好奇心，而且对毒品的危害不了解，试过一次之后便误入歧途，不能自拔。据统计，因为好奇而染上毒瘾的青少年占 70%。

2. 不良的家庭环境影响：调查表明，许多青少年吸毒是受到父母或其他家庭成员吸毒的影响。除了家庭成员吸毒直接成为青少年吸毒的原因外，一些家庭父母离婚或者长期外出、孩子得不到正常的教育，也是导致青少年吸毒的原因。

3. 误交损友：青少年不够成熟，分辨能力差，盲目从众心理强，容易受到朋友的影响。据调查，在吸毒青少年中，因为朋友吸毒觉得好奇、赶时髦而吸毒和受朋友影响而吸毒的占 70% 以上。

毒品不仅危害人的身心健康，而且破坏自己的家庭，扰乱社会治安。青少年是国家的未来，所以青少年应该远离毒品，珍爱生命，健康成长。

词语巩固

选择与下列词语意思最接近的一项。

（1）探求 ☐

    A. 探索　　　B. 要求　　　C. 探望　　　D. 追求

（2）渴求 ☐

    A. 口渴　　　B. 渴望　　　C. 要求　　　D. 干渴

（3）反目 ☐

    A. 反面　　　B. 目光　　　C. 相反　　　D. 不和

（4）遭殃 ☐

    A. 受连累　　　B. 遭受　　　C. 联系　　　D. 遇难

（5）好奇心 ☐

    A. 好心　　　B. 感到新奇　　　C. 感到无聊　　　D. 心情好

文化扩展

三好学生

　　"三好学生"的标准是思想品德好、学习好、身体好。"三好学生"的评选自 1954 年开始，以固定的评选比例、基本相同的衡量标准在中国的大学、中学和小学普遍推行。"三好"成为学生追求的目标和荣誉，也成为"好孩子、好学生"的同义词。学校对于连续几年被评为"三好学生"的学生，在升学和分配上都给予优先选择的机会。进入 21 世纪，"三好学生"的称

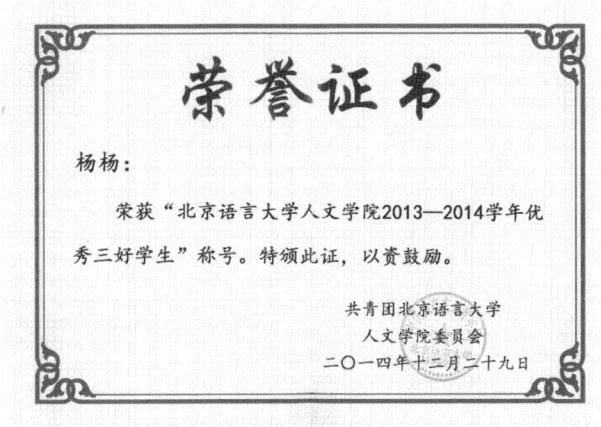

呼已不完全适合新时代人才培养的需要了，"三好学生"的特殊待遇在中国的多个省市也逐步取消。有的省市还用了其他名称代替沿用了几十年的"三好学生"，比如上海市把"三好学生"改称为"优秀队员"或"优秀团员"，武汉则叫"阳光少年"。

⊙ 思考题

1. 在一般人的眼中，"三好学生"都是乖孩子。你同意这个看法吗？为什么？
2. 中西方文化在培养孩子的理念上有什么异同？

主题五
全球问题

环境与健康

听力训练一

一、听前热身

1. 现在，地球出现了什么问题？

2. 你的学校有环保小组吗？

3. 你有没有参加学校环保小组的活动？

4. 我们日常生活中的哪些行为不够环保？

5. 为了环保，你可以做些什么？

二、重点词语

1. 爱护 ài hù to take good care of

2. 地球 dì qiú earth

3. 炎热 yán rè hot

4. 空调 kōng tiáo air conditioner

5. 饮料 yǐn liào beverage

6. 冰箱 bīng xiāng refrigerator

7. 大部分 dà bù fen most ; on the large part

8. 石油 shí yóu oil; petroleum

9. 煤 méi coal

10. 燃料 rán liào fuel

11. 提供 tí gōng to provide

12. 再生能源 zài shēng néng yuán renewable energy resources

13. 专家 zhuān jiā expert

14. 根据 gēn jù according to

15. 用电量 yòng diàn liàng electricity consumption

16. 未来 wèi lái future

17. 燃烧 rán shāo to inflame

18. 二氧化碳 èr yǎng huà tàn carbon dioxide

19. 温室气体 wēn shì qì tǐ greenhouse gases

20. 温室效应 wēn shì xiào yìng greenhouse effect

21. 资源 zī yuán resources

22. 有限 yǒu xiàn limit

23. 适当 shì dàng suitable

24. 习惯 xí guàn habit

25. 无意中 wú yì zhōng accidentally

26. 浪费 làng fèi to wastc

27. 熄火 xī huǒ to turn off the engine

28. 电费 diàn fèi electricity bill

29. 水费 shuǐ fèi water bill

30. 改掉 gǎi diào to get rid of (bad habits)

31. 环保 huán bǎo environmental protection

32. 免费 miǎn fèi free of charge

33. 饮水机 yǐn shuǐ jī drinking fountain

34. 省钱 shěng qián to save money

35. 一举两得 yì jǔ liǎng dé to kill two birds with one stone

36. 举手之劳 jǔ shǒu zhī láo to give a helping hand

37. 何乐而不为 hé lè ér bù wéi why not go ahead with it

38. 受苦 shòu kǔ to suffer

39. 持之以恒 chí zhī yǐ héng to persevere

40. 人类 rén lèi mankind

41. 安乐窝 ān lè wō peace and happiness nest

关联词

1. 在……的同时 zài……de tóng shí at the same time

2. 既……又…… jì……yòu…… both...and...

3. 让我们……吧！ ràng wǒ men……ba let's...!

三、重点疑问表达

什么　　哪些　　怎么　　哪两个　　做什么　　多久　　怎么样

四、听力理解练习

听两遍短文，完成以下练习。 🎧 13-1

1. 根据短文内容，回答下面的问题。

（1）这篇演讲稿的主题是什么？

_____

（2）家里有哪些东西需要用电？请写出三个。

_____

（3）地球上的电是怎么来的？

_____

（4）温室效应会导致什么问题？

_____

（5）短文提到了哪两个生活习惯实际上是在浪费地球资源？

_____

（6）为了环保，学校为学生准备了什么？

_____

（7）为了环保，我们应该做哪些事？请写出两件。

_____

_____

2. 分段听录音，根据短文内容，把左边的段落和右边的段意搭配起来。

☐	（1）第一段	A. 呼吁大家改掉日常生活里的坏习惯
☐	（2）第二段	B. 我们日常生活里的很多东西都需要用电
☐	（3）第三段	C. 呼吁大家一起环保
☐	（4）第四段	D. 燃料非常有限，并且燃烧时对地球有害
☐	（5）第五段	E. 为了环保大家应该做什么

3. 根据短文内容，选择正确的答案。

（1）天气炎热的时候，大家回家后一般都会做什么？

　　□　　A. 洗冷水澡

　　　　　B. 做运动

　　　　　C. 打开空调

　　　　　D. 吃冰激凌

（2）地球上的电大部分是靠什么燃料来提供的？

　　□　　A. 石油和煤

　　　　　B. 油和煤

　　　　　C. 煤

　　　　　D. 石油

（3）以上所提到的燃料在未来多久就会用完？

　　□　　A. 七年

　　　　　B. 十年

　　　　　C. 七十年

　　　　　D. 十七年

（4）以上提到的燃料燃烧后会令地球温度怎么样？

　　□　　A. 降低

　　　　　B. 提高

　　　　　C. 不变

　　　　　D. 平衡

（5）以下哪一个不是浪费资源的坏习惯？

　　□　　A. 出门不关灯

　　　　　B. 停车不熄火

　　　　　C. 喝水用纸杯

　　　　　D. 下课后关空调

五、听力文本

爱护我们的地球

同学们：

现在天气炎热，同学们回家后一定会打开空调，一边享受冰凉的饮料，一边看电视。但大家在享受的同时，有没有想过空调、冰箱、电视的电都是从哪儿来的？

其实，地球上的电大部分都是靠石油和煤等燃料来提供的，而这些燃料不是再生能源，所以，有专家指出，根据现在全世界的用电量来看，这些燃料将在未来七十年用完，而人类需要找其他能源来代替。除此之外，燃烧这些燃料时会产生二氧化碳等温室气体，加深温室效应，令地球的温度越来越高。

地球上的资源有限，我们应该适当地运用这些资源。其实，都市人有些生活习惯在无意中浪费了地球的资源，比如出门不关灯、停车不熄火等等，这些坏习惯既浪费了资源，又增加了电费和水费。如果同学们有这些习惯，请大家现在就改掉这些习惯。

环保要从我做起，从现在做起。在我们的学校，就有很多免费饮水机，同学们只需要带一个水杯就能喝到水机里的水，既环保又省钱，真是一举两得！另外，同学们下课后也应该帮着把教室里的灯和空调关掉，举手之劳，何乐而不为呢？

大家想想，如果我们不停地浪费地球上的资源，将来受苦的是我们的下一代啊！同学们，为了地球的将来，为了我们下一代的将来，请大家都来环保吧！其实，要环保一点儿都不难，只要大家持之以恒，一定能令人类的"安乐窝"——地球——变得更加美好。

同学们，让我们一起来爱护我们的地球吧！

谢谢大家！

听力训练二

一、听前热身

1. 你认识的人里有吸烟的吗？

2. 吸烟有什么危害？

3. 你知道什么是"二手烟"吗？

4. 如果你家里有人吸烟，你会对他们说什么？

5. 如果你的好朋友让你吸烟，你会怎么做？

二、重点词语

1. 无烟日 (wú yān rì) No-Smoking Day

2. 趁此机会 (chèn cǐ jī huì) to take advantage of the occasion

3. 疾呼 (jí hū) to cry out

4. 吸烟有害健康 (xī yān yǒu hài jiàn kāng) smoking is harmful to health

5. 危害 (wēi hài) to endanger

6. 科学 (kē xué) science

7. 研究 (yán jiū) research

8. 证明 (zhèng míng) to prove

9. 广泛 (guǎng fàn) extensively

10. 烟草 (yān cǎo) tobacco

11. 含有 (hán yǒu) to contain

12. 导致 (dǎo zhì) to lead to

13. 残废 (cán fèi) deformity

14. 甚至 (shèn zhì) even

15. 毒素 (dú sù) toxin

16. 癌症 (ái zhèng) cancer

17. 尤其 (yóu qí) especially

18. 肺癌 (fèi ái) lung cancer

19. 心脏病 (xīn zàng bìng) heart disease

20. 高血压 high blood pressure

21. 中风 stroke

22. 疾病 disease

23. 明显 obvious

24. 然而 however

25. 针对 to direct at

26. 显示 to show

27. 曾经 used to; formerly

28. 肯定 to be sure

29. 损害 to harm

30. 今后 in future

31. 不容忽视 can not be ignored

32. 如今 nowadays

33. 平均 average

34. 产销量 production and sales volume

35. 据统计 according to figure

36. 拥有 to own

37. 烟民 smoker

38. 消耗 to consume

39. 摘掉 to take off

40. 烟雾 smoke

41. 笼罩 to cover; to be masked by

42. 呼吁 to call on

43. 百害而无一利 hundreds of harms but not have even one benefit

44. 祖国 homeland; motherland

45. 有用之才 useful talented person

46. 远离 to keep away from

关联词

1. 与······有关 to be connected with...

2. 不仅······而且······ not only...but also...

三、重点疑问表达

什么　　什么时候　　多少　　谁　　怎么样

四、听力理解练习

听两遍短文，完成以下练习。 🎧 13-2

1. 根据短文内容，回答下面的问题。

（1）这篇演讲稿的主题是什么？

_____

（2）吸烟会导致什么疾病？请举出三个例子。

_____

（3）在演讲的最后，演讲者做出了什么呼吁？

_____

2. 根据短文内容，用正确的词语填空。

（1）就在去年的"_____"，一项针对青少年吸烟的调查显示，中国有 _____ 以上的初中生曾经吸烟，近92％的学生认为吸烟肯定会 _____，但仍有22％的 _____ 和4％的 _____ 表示可能或肯定会在今后吸烟。青少年吸烟已经成为一个 _____ 的问题。

（2）如今全世界平均 _____ 有四百万例、每天有 _____ 例死亡与吸烟有关。中国是世界 _____ 烟草大国，香烟的产销量是世界 _____。据统计，全世界每 _____ 个吸烟人中就有一个是中国人，中国拥有烟民 _____ 亿，消耗着全世界香烟总量的 _____。

3. 根据短文内容，判断对错。

	对	错
（1）一项科学研究早就证明，吸烟对人体健康的危害十分严重。	☐	☐
（2）烟草中的毒素可导致人体残疾，甚至死亡。	☐	☐
（3）中国每一百个人里有不到二十个初中生曾经过吸烟。	☐	☐
（4）青少年吸烟已经成为一个必须引起人们重视的问题。	☐	☐
（5）吸烟有好处，也有坏处。	☐	☐

五、听力文本

吸烟有害健康

尊敬的老师、同学：

大家好！

今天是世界无烟日。趁此机会，我要大声地疾呼：吸烟有害健康！

同学们，你们知道吸烟对人体的危害吗？大量的科学研究早就证明，吸烟对人体健康的危害十分广泛。所有烟草中都含有可导致人体发生多种引起残废、甚至死亡等健康问题的毒素，吸烟者患癌症，尤其是肺癌、心脏病、高血压、中风等疾病的危险会明显增加。然而，就在去年的"无烟日"，一项针对青少年吸烟的调查显示，中国有20％以上的初中生曾经吸烟，近92％的学生认为吸烟肯定会损害健康，但仍有22％的男生和4％的女生表示可能或肯定会在今后吸烟。青少年吸烟已经成为一个不容忽视的问题。

如今全世界平均每年有四百万例、每天有一万一千例死亡与吸烟有关。中国是世界第一烟草大国，香烟的产销量是世界第一。据统计，全世界每三个吸烟人中就有一个是中国人，中国拥有烟民3.2亿，消耗着全世界香烟总量的三分之一。为了摘掉烟草大国的帽子，为了下一代的健康成长，我们要大声疾呼：不要让烟雾笼罩孩子！

我在这里呼吁同学们不要吸烟，吸烟真的是"百害而无一利"的！我们祖国的将来不仅需要有用之才，而且需要的还是健康的人才！吸烟对身体有很大的伤害，对祖国的未来也是不好的！所以，请大家远离烟草！

　　谢谢大家！

词语巩固

1. 把左边的词语和右边的解释配对。

☐	（1）爱护	A. 特别是
☐	（2）炎热	B. 安全、快乐的地方
☐	（3）适当	C. 合适的
☐	（4）安乐窝	D. 关爱、保护
☐	（5）尤其	E. 号召
☐	（6）呼吁	F. 特别热

2. 用下面的成语造句。

（1）一举两得：＿＿＿＿＿＿＿＿＿＿＿＿＿＿＿＿＿＿＿。

（2）举手之劳：＿＿＿＿＿＿＿＿＿＿＿＿＿＿＿＿＿＿＿。

（3）持之以恒：＿＿＿＿＿＿＿＿＿＿＿＿＿＿＿＿＿＿＿。

（4）不容忽视：＿＿＿＿＿＿＿＿＿＿＿＿＿＿＿＿＿＿＿。

文化扩展

绿色奥运

北京 2008 年奥运会把"绿色"和奥运会紧密结合起来，提出了"绿色奥运"的口号。"绿色奥运"就是要大幅度提高首都环境质量，建设良好生态的城市，为奥运会创造优美的环境。另外，用保护环境、保护资源、保护生态平衡的理念筹备和举办奥运会，将奥运会对环境的影响降至最低。在奥运会的筹办和举办过程中开展环境保护宣传教育活动，不断增强全社会的环保意识，鼓励公众积极参与各项改善生态环境的活动。

? 思考题

1. 为什么以"绿色"代表环保？

2. 如果让你参与"绿色奥运"的设计，你会提出什么具体建议？

主题五

全球问题

城市与农村

听力训练一

一、听前热身

1. 你喜欢上学吗？

2. 你几岁开始上学的？

3. 你在学校可以学到什么知识？

4. 你从小学到高中毕业，一共在学校学习了多少年？

5. 如果你不能上学，你会觉得怎么样？

二、重点词语

1. 希望工程 (xī wàng gōng chéng) Project Hope

2. 感动 (gǎn dòng) to move; to touch

3. 记者 (jì zhě) reporter

4. 积极 (jī jí) positive

5. 参与 (cān yù) to participate in

6. 因此 (yīn cǐ) therefore

7. 形象代表 (xíng xiàng dài biǎo) image symbol

8. 鼓舞 (gǔ wǔ) to inspire

9. 农村 (nóng cūn) countryside

10. 中国青少年发展基金会 (zhōng guó qīng shào nián fā zhǎn jī jīn huì) China Youth Development Fundation

11. 宣告 (xuān gào) to pronounce

12. 实施 (shí shī) to implement

13. 建立 (jiàn lì) to establish

14. 救助 (jiù zhù) to rescue

15. 失学 (shī xué) to be unable to go to school

16. 基金 (jī jīn) fund

17. 贫困 (pín kùn) poor

18. 重返校园 (chóng fǎn xiào yuán) to return to school

19. 基石 cornerstone
jī shí

20. 铺垫 to lay down
pū diàn

21. 省 province
shěng

22. 创办 to launch
chuàng bàn

23. 题名 autograph
tí míng

24. 累计 to add up
lěi jì

25. 海内外 home and abroad
hǎi nèi wài

26. 捐款 to donate money
juān kuǎn

27. 资助 to sponsor
zī zhù

28. 援建 to help building
yuán jiàn

29. 越来越⋯⋯ more and more
yuè lái yuè

30. 理念 concept
lǐ niàn

31. 深入人心 to strike root in the hearts of the people
shēn rù rén xīn

32. 足以 to be enough
zú yǐ

33. 渴望 to desire
kě wàng

34. 使命 mission
shǐ mìng

35. 汇集 to collect
huì jí

36. 命运 fate
mìng yùn

37. 启发 to enlighten
qǐ fā

38. 善良 good and honest
shàn liáng

三、重点疑问表达

多少年　　哪年　　哪月　　哪天　　哪些

四、听力理解练习

听两遍短文，完成以下练习。 🎧 14-1

1. 根据短文内容，回答下面的问题。

（1）这是哪天的新闻稿？

（2）新闻稿里提到的孩子有什么特征？

_____

（3）"希望工程"是哪年哪月开始的？

_____

（4）到发稿那天，"希望工程"实施多少年了？

_____

（5）"希望工程"帮助哪些孩子再次回到学校上学？

_____

2. 分段听录音，根据短文内容，把左边的段落和右边的段意搭配起来。

☐ （1）第一段	A. 贫困地区的孩子不能上学
☐ （2）第二段	B. 希望工程的意义
☐ （3）第三段	C. 希望工程 20 年的故事
☐ （4）第四段	D. 希望工程的创办
	E. 解海龙和希望工程的关系
	F. 苏明娟和希望工程的关系
	G. 希望工程的成果

3. 根据短文内容，选择正确的答案。

（1）一个孩子"我要读书"的眼神打动了 _____ 的心。

☐
    A. 一百人
    B. 一千人
    C. 一万人
    D. 很多人

（2）"大眼睛"女孩因此成为"希望工程"的 ＿＿＿＿＿＿＿＿ 。

$\square$

A. 发起者

B. 形象大使

C. 学生

D. 老师

（3）越来越多的 ＿＿＿＿＿＿＿＿ 因"希望工程"再次走进学校。

$\square$

A. 贫困孩子

B. 富家孩子

C. 残疾孩子

D. 天才儿童

（4）"希望工程" ＿＿＿＿＿＿＿＿ 汇聚了一个又一个爱的故事。

$\square$

A. 10 年

B. 20 年

C. 30 年

D. 40 年

4. 根据短文内容，选出三个正确的叙述。

$\square$
$\square$
$\square$

A. "大眼睛"的照片感动了一位记者。

B. 苏明娟非常喜欢读书。

C. 第一所"希望小学"1989 年正式成立。

D. "希望小学"是中国最好的学校。

E. 很多农村孩子因为有了"希望工程"才有机会去上学。

F. 不但中国人为"希望工程"捐款，外国人也为"希望工程"捐款。

五、听力文本

希望工程

【新华社 2009 年 11 月 5 日电】18 年前，一个孩子"我要读书"的眼神感动了一位记者，一张"大眼睛"的照片打动了千万人的心，让全国人民注意并积极参与了"希望工程"。苏明娟因此成为"希望工程"的形象大使，她的故事一直鼓舞着那些想要读书而又没钱读书的农村孩子们。

1989 年 10 月，中国青少年发展基金会向全世界宣告：实施"希望工程"，建立我国第一个救助贫困地区失学少年基金，让因为家庭贫困而失学的孩子重返校园。1989 年 10 月 30 日，中国青少年发展基金会把"希望工程"的第一块基石，铺奠在河北省涞源县。1990 年 4 月，我国第一所希望小学在安徽省创办。1990 年 9 月 5 日，邓小平为"希望工程"题名。

"希望工程"实施 20 年来，已累计接受海内外捐款 53 亿元人民币，资助超过 338 万名农村家庭贫困学生上学，援建希望小学 15,444 所。

有爱心就有希望。越来越多的孩子因"希望工程"再次走进学校，越来越多的人参与资助并感动着身边的人，让希望工程"爱"的理念深入人心。20 年，足以让渴望读书的孩子长大成人。凭着"使农民的孩子人人有书读"的使命，"希望工程"20 年汇聚了一个又一个爱的故事，改变了一个又一个贫困孩子的命运，更启发了人们的善良和爱心。

资料来源：新华网

听力训练二

一、听前热身

1. 你住在城市还是乡村？

2. 你在现在这个地方住了多久了？

3. 你觉得城市好还是乡村好？

4. 城市和乡村有什么不同？

5. 如果让你选择，你更想住在城市还是乡村？为什么？

二、重点词语

1. 遥远 yáo yuǎn remote	10. 聆听 líng tīng to hear
2. 抽象 chōu xiàng abstract	11. 印象 yìn xiàng impression
3. 陌生 mò shēng strange	12. 建设 jiàn shè to construct
4. 概念 gài niàn concept	13. 建议 jiàn yì proposal
5. 人大 rén dà the National People's Congress	14. 言谈 yán tán talking
6. 政协 zhèng xié CPPCC (Chinese People's Political Consultative Conference)	15. 折射 zhé shè to reflect
7. 会议 huì yì conference	16. 差异 chā yì difference
8. 召开 zhào kāi to convene	17. 震动 zhèn dòng to shake
9. 前夕 qián xī eve	18. 隔膜 gé mó a lack of mutual understanding
	19. 震惊 zhèn jīng to shock

chāo chū
20. 超出 to exceed

wěi yuán
21. 委员 committee member

yán dōng
22. 严冬 severe winter

sì miàn tòu fēng
23. 四面透风 without wind-proof

wēi fáng
24. 危房 decrepit house

qīng zǐ
25. 青紫 blue purple

cǎo xí
26. 草席 grass matting

rù zi
27. 褥子 cotton-padded mattress

bǎn chuáng
28. 板床 board bed

xián cài
29. 咸菜 pickles

xià fàn cài
30. 下饭菜 dish to go with rice

dào tián
31. 稻田 cornfield

mǎi bu qǐ
32. (买)不起 to be unable to (afford)

mó hu
33. 模糊 blurry

xīn líng
34. 心灵 spirit

qiáng liè
35. 强烈 strong

zhuàng jī
36. 撞击 to strike

fèi fǔ zhī yán
37. 肺腑之言 words from the bottom of one's heart

chún chǐ xiāng yī
38. 唇齿相依 as close as lips and teeth

xiāng fǔ xiāng chéng
39. 相辅相成 to complement each other

yòu zěn néng
40. 又怎能 how come

zhī chēng
41. 支撑 to support

fù chū xíng dòng
42. 付出行动 to take action

shì yè
43. 事业 career

dòng yuán
44. 动员 to mobilize

gè háng gè yè
45. 各行各业 every industry

gòng xiàn
46. 贡献 contribution

zhōng yāng wén jiàn
47. 中央文件 the Central Government document

lùn shù
48. 论述 to expound

hào lìng
49. 号令 command

三、重点疑问表达

A 还是 B   多久   什么   怎么了

四、听力理解练习

听两遍短文，完成以下练习。🎧 14-2

1. 根据短文内容，从右边选择合适的选项完成句子。

☐ （1） 出城几里，就是	A. 被泪水模糊了。
☐ （2） 我们采访了	B. 关心支持新农村建设
☐ （3） 大家聆听	C. 的建议。
☐ （4） 了解他对建设新农村	D. 不再遥远。
☐ （5） 这种陌生和隔膜	E. 超出许多人的想像。
☐ （6） 我们的眼睛	F. 他对农村的印象。
☐ （7） 我们的心灵	G. 被强烈地撞击着。
☐ （8） 唇齿相依，	H. 广阔的农村。
☐ （9） 让城乡	I. 相辅相成。
☐ （10）各行各业都要	J. 一位"城里人"。

2. 根据短文内容，选出四个正确的叙述。

☐
☐
☐
☐

A. 城市和乡村离得非常远。

B. 在城里人的脑子里，"农村"的概念并不陌生。

C. 城乡之间有着巨大的差异。

D. 有些农村的教室四面透风。

E. 很多农村的孩子住的离学校不太远。

F. 农村的学生都背着书包上学。

G. 城里人的生活离不开农民的辛勤劳动。

H. 每一个人都应该关心和支持新农村的建设。

五、听力文本

让城市与乡村不再遥远

【新华社北京3月2日电】乡村离城市远不远？不远。出城几里，就是广阔的农村。乡村离城市远不远？很远。在不少"城里人"的脑子里，"农村"已成为一个抽象而陌生的概念。

在人大、政协两个会议召开前夕，我们采访了一位"城里人"，聆听他对农村的印象，了解他对建设新农村的建议。"城里人"言谈中折射出的城乡之间的巨大差异，让我们震动。城里人对农村的陌生和隔膜，更让我们震惊！

这种陌生和隔膜，超出许多人的想像。全国政协委员李永海在去农村参观之后，几乎是一口气写下了如下的文字：

"当我们看到严冬坐在四面透风的危房教室上课的孩子，他们的小脸小手冻得青紫时，当我们看到一年级的孩子都要走十几里山路上学，住校的孩子冬天睡在以草席作褥子的板床上，多数孩子仅有一小瓶咸菜作为一个星期的下饭菜时，当我们看到孩子们喝的是从稻田里流出来的水，买不起书包只好双手抱着书本回家时……我们的眼睛被泪水模糊了，我们的心灵被强烈地撞击着。"

"我们的眼睛被泪水模糊了。"这是一位政协委员的肺腑之言，也是对城乡之间巨大差距的最好描述。

唇齿相依，相辅相成。近4亿城里人，怎能离开9亿农民？城市，又怎能离开乡村的支撑？工业，又怎能离开农村这个巨大的市场？

让城乡不再遥远，我们必须付出行动。"建设新农村是全社会的事业，需要动员各方面力量广泛参与。各行各业都要关心支持新农村建设，为新农村建设作出贡献。"中央文件的这段论述，是我们行动的号令。

城乡两相依。乡村，离城市到底有多远？答案就在你、在我、在每一个人的心中。

资料来源：中央政府门户网站

词语巩固

选择与下列词语意思最接近的一项。

（1）感动 ☐

    A. 感觉   B. 心动   C. 感人   D. 感恩

（2）贫困 ☐

    A. 富裕   B. 困难   C. 贫穷   D. 失败

（3）鼓舞 ☐

    A. 鼓励   B. 欢呼   C. 呼吁   D. 热闹

（4）陌生 ☐

    A. 熟人   B. 熟悉   C. 了解   D. 不认识

（5）模糊 ☐

    A. 肯定   B. 确实   C. 清楚   D. 不确定

文化扩展

空巢老人

空巢家庭一般是指家庭中因子女外出工作或学习导致老人独居的一种现象。这些独留在家的老人被称为"空巢老人"。随着社会老龄化程度的加深，

中国的"空巢老人"越来越多，已经成为一个不容忽视的社会问题。当子女由于工作、学习、结婚等原因离开父母后，"空巢老人"会感到孤独，甚至产生心理失调症状或精神问题，这也被称为"家庭空巢综合症"。

⌖ 思考题

1. 有人说很多国家老年人口不断增加，这对社会发展造成了负面影响。你同意这个说法吗？为什么？

2. 你觉得老年人自己应该怎么做才可以有个快乐的晚年？

主题五
全球问题

15

共享经济

听力训练

一、听前热身

1. 你家附近有共享自行车吗？

2. 你附近的共享自行车骑半个小时需要多少钱？

3. 你觉得共享自行车的收费贵不贵？

4. 共享自行车对人们的生活起到了什么作用？

5. 除了共享自行车，你还见过什么共享交通工具？

二、重点词语

1. 共享 gòngxiǎng share
2. 经济 jīng jì economy
3. 应运而生 yìngyùn ér shēng emerge as the times require
4. 高峰期 gāofēng qī rush hour
5. 堵车 dǔ chē traffic jam
6. 犯愁 fàn chóu worry
7. 应用软件 yìngyòngruǎn jiàn App; an application
8. 二维码 èr wéi mǎ QR code

9. 有目共睹 yǒu mù gòng dǔ be obvious to all
10. 世纪 shì jì century
11. 王国 wáng guó kingdom
12. 必备 bì bèi essential
13. 难题 nán tí tough issues
14. 避免 bì miǎn to avoid
15. 一石二鸟 yì shí èr niǎo to kill two birds with one stone
16. 臭氧层 chòuyǎngcéng ozone layer

三、重点疑问表达

哪五个　　什么　　为什么　　怎么样　　贵还是便宜

四、听力理解练习

听两遍短文，完成以下练习。 🎧 15

1. 根据短文内容，回答下面的问题。

（1）文中提到了哪五个共享项目？

_____

（2）中国以前被称作什么？为什么有这个称号？

_____

（3）共享产品的价钱怎么样？

_____

2. 根据短文内容，判断对错。

	对	错
（1）下班高峰期，堵车是让所有人犯愁的一件事。	☐	☐
（2）你必须找到钥匙才能打开共享单车的车锁。	☐	☐
（3）共享单车的优点是非常明显的。	☐	☐
（4）中国以前曾被称为"自行车王国"。	☐	☐
（5）共享单车出现前，自行车已经没有人骑了。	☐	☐

五、听力文本

共享单车

随着科学技术的发展，共享经济应运而生，越来越多的共享资源给人们的日常生活带来了极大的便利，比如说共享单车、共享汽车、共享书店、共享篮球、共享雨伞等。特别是共享单车、共享汽车等共享型经济产品越来越受到人们的喜爱。下班高峰期，你不用再为堵车犯愁。你只要在手机上打开一个应用软件，对准自行车上二维码一扫，就可以打开自行车的车锁，骑上它愉快地回家。一切就是这么简单！

共享单车的优点是大家有目共睹的。它不但可以让人们多运动，还可以保护环境。人们只要坚持少开车，碳排放量就会减少，空气污染的情况也会好转。

上个世纪六、七十年代，中国被称为"自行车王国"，大家日常出行很多时候靠的是自行车，自行车是家家户户出行的必备交通工具。后来，把自行车当成交通工具的人少了，最后只有送货的人才需要骑自行车。但因为送货地点经常远离目的地，比如要去骑两个小时自行车才能到达的地方，骑车太累，所以他们会把自行车和地铁两种交通方式结合起来，省时省力。但由于自行车不方便上下地铁，给人们带来不便。

现在，共享单车解决了这个难题。人们可以很方便地在马路边找到共享单车，只需手机一扫，就能骑走了，而且随时都可以在马路边还车。共享单车的使用费用也不贵，有些是每小时1元，有些是每小时5毛，甚至还有免费的。因为便宜，越来越多的人使用共享单车。有人说，中国将重现"自行车王国"的"辉煌"。

骑车上下班可以避免堵车的烦恼，节约时间的同时还可以锻炼身体，也就是我们常说的"一石二鸟"。虽然很多家庭现在都有私家车，但越来越多的人短途出行都会选择共享单车，这样减少了汽车尾气对环境的污染，在一定程度上保护了臭氧层，可以让我们的天更蓝。

词语巩固

把左边的词语和右边的解释配对。

☐	（1）应运而生	A.	每一个家庭
☐	（2）共享资源	B.	根据需要而产生
☐	（3）有目共睹	C.	做一件事情可以同时达到两个目的
☐	（4）自行车王国	D.	大家共同享用同一样东西
☐	（5）家家户户	E.	谁都能看得到
☐	（6）一石二鸟	F.	有很多人把自行车当成交通工具的国家

文化扩展

移动支付

移动支付也称为手机支付，就是允许用户使用手机对所消费的商品或服务进行账务支付的一种新的服务方式。简单地说，移动支付就是指使用移动设备进行付款的服务。在不需要使用现金、支票或信用卡的情况下，消费者可通过互联网使用移动设备支付各项服务或数字及实体商品的费用。虽然使用非实体货币系统的概念已存在很长时间，但支持此系统的科技直到近年才开始普及。

🔎 思考题

1. 随着手机的功能越来越多，人们再也不可能离开手机了。你认为这是一件好事吗？

2. 你认为手机支付有没有安全隐患？你喜欢使用移动支付还是喜欢使用现金付款？为什么？

附录 参考答案

主题一 经历与体验

01 家庭生活和个人经历

听力训练一

1.（1）因为我又升了一级。
　（2）我原来以为男老师太严肃、太厉害。
　（3）朱老师的眼睛炯炯有神。
　（4）不喜欢写作业的同学。
　（5）当天完成，工整无误。
2.（1）C　　（2）B　　（3）D　　（4）C　　（5）A
3.（1）对　　（2）错　　（3）对　　（4）错　　（5）错

听力训练二

1.（1）A　　（2）D　　（3）E　　（4）H
2.（1）C　　（2）C　　（3）D
3.（1）六　　（2）叔叔　　（3）堂妹　　（4）非常快乐

词语巩固

1.（1）C　　（2）B　　（3）B
2.（1）B　　（2）D　　（3）F　　（4）C　　（5）A

02 家居及周围环境

听力训练一

1.（1）音乐喷水池。
　（2）大花坛、石凳、树。
　（3）休息、聊天。
　（4）没有。因为花园禁止车辆进入。

（5）有音乐，水会随着音乐跳舞。

（6）美丽、充满活力。

2.（1）B　　　（2）A　　　（3）B　A　　（4）B　B　　（5）B

3.（1）F　　　（2）D　　　（3）H　　　（4）E　　　（5）C

听力训练二

1.（1）两只耳朵耷拉着。

（2）两颗晶莹的玻璃球。

（3）摇尾巴。

（4）最好的朋友、最亲密的家人。

2.（1）C　　　（2）D　　　（3）F

3.（1）D　　　（2）F　　　（3）A　　　（4）E　　　（5）H

4.（1）对　　　（2）错　　　（3）错　　　（4）错

词语巩固

1.（1）C　　　（2）E　　　（3）A　　　（4）F　　　（5）D

2.（1）听着音乐，我不由自主地跟着哼了起来。

（2）公园里美丽的风景让人心旷神怡。

（3）要下大雨了，海浪此起彼伏。

03　休闲活动

听力训练

1.（1）5 月 16 日。

（2）天气晴朗，万里无云。

（3）老虎山。

（4）汽车、摩托车、自行车。

（5）满头是汗，满面红光。

（6）喝水、聊天、休息。

（7）下午六点多。

2.（1）G　　　（2）H　　　（3）D　　　（4）A　　　（5）F

3.（1）B　　　（2）D　　　（3）F　　　（4）H

词语巩固

　（1）C　　　（2）B　　　（3）B

主题二 身份认同

04 节日、文化与风俗

听力训练

1.（1）12 月 12 日。
　（2）小雪。
　（3）春节、元宵节、清明节、中秋节、端午节。
　（4）澳大利亚、英国。
2.（1）B　　（2）C　　（3）D
3.（1）新闻
　（2）春节　八　2008 年　取消
　（3）公众假期　吃饭　热闹

词语巩固

　（1）C　　（2）D　　（3）E

05　旅游中国

听力训练一

1.（1）十月。
　（2）香港。
　（3）天安门广场和故宫。
　（4）北京大学和清华大学。
2.（1）F　　（2）H　　（3）C　　（4）G　　（5）D
3.（1）中国语言　中国文化　今年十月
　（2）天安门广场　故宫　长城　北京体育学校　北京大学　清华大学
　（3）六百
　（4）努力学习
　（5）聊天　散步　打扫卫生
　（6）6 月 5 号
4.（1）错　　（2）错　　（3）对　　（4）对　　（5）错

听力训练二

1.（1）个人身份证或护照。
　（2）飞机起飞前两个小时。

（3）60分钟。

（4）抵抗力下降。

（5）多吃青菜和水果，多喝水。

（6）感冒药、拉肚子药、晕车药。

（7）导游。

2.（1）H　　（2）D　　（3）B　　（4）E　　（5）G

词语巩固

（1）G　　（2）I　　（3）H　　（4）E　　（5）F　　（6）D　　（7）B

06　尊重与关爱

听力训练一

1.（1）伤害别人、不尊重别人的尊严。

（2）车夫和老女人。

（3）讥讽、嘲笑。

（4）给别人起外号，听到同学们的哄笑声还得意洋洋。

（5）礼貌待人，平等待人，诚信待人，理解别人，安慰别人。（任何三个）

2.（1）短篇　过马路

（2）平等　地位　工作　什么时候

（3）外号　聪明　无奈　得意洋洋

3.（1）对　　（2）错　　（3）对　　（4）对　　（5）对

听力训练二

1.（1）素不相识的陌生人。

（2）一个小女孩儿。

（3）流动献血车。

（4）献了三百毫升血。

（5）珍惜别人的关爱，也多给别人关爱。

2.（1）G　　（2）C　　（3）F　　（4）H　　（5）D

3.（1）家人　电影　名字　　（2）小女孩儿　　（3）医院

词语巩固

1.（1）B　　（2）A　　（3）C　　（4）D　　（5）A

2.（1）C　　（2）B　　（3）D　　（4）B　　（5）D

主题三 发明创造

07 媒体通讯

听力训练一

1.（1）电子化图书馆。
　（2）看电子书、看电影。
　（3）图书馆理员。
2.（1）D　　　（2）E　　　（3）A　　　（4）F
3.（1）A　　　（2）C　　　（3）D　　　（4）D
4.（1）对　　　（2）错　　　（3）错　　　（4）错　　　（5）对

听力训练二

1.（1）快速、查阅资料、网上购物、网上交友聊天、网上游戏、网上找工作、网上
　　　看电影、网上看小说。（任何五个）
　（2）1984 年。
　（3）网络和电子邮箱。
　（4）网上购物。
　（5）在网上看电影。
2.（1）对　　　（2）错　　　（3）对　　　（4）错　　　（5）对

词语巩固

　（1）E　　　（2）D　　　（3）B　　　（4）F　　　（5）A

08 网络世界

听力训练一

1.（1）应该集中全力复习功课，不应该再参加任何课外活动了。
　（2）学习和娱乐。
　（3）上课、做作业、考试。（任何两个）
　（4）看电视、玩儿电脑游戏、给朋友打电话聊天、和朋友出去打球。（任何三个）
　（5）和家人或朋友出去爬山、看电影、吃饭、做作业。（任何三个）
2.（1）F　　　（2）B　　　（3）G　　　（4）E　　　（5）D
3.（1）上海　（2）足球　（3）妈妈　（4）八点　下午三点半　　　（5）三

听力训练二

1.（1）方方。

（2）很郁闷。父母认为我不应该在网上交朋友。

（3）17 岁。

（4）了解更多国家的文化、学习更多语言。

（5）有些人会骗你的感情，也有些人会骗你的金钱。

2.（1）A　　　（2）C　　　（3）D　　　（4）C

3.（1）A　　　（2）D　　　（3）G　　　（4）H

词语巩固

（1）A　　　（2）C　　　（3）B　　　（4）A　　　（5）D

09　网上招聘广告

听力训练

1.（1）上海。

（2）100 多个国家。

（3）2000 多家。

（4）严格。

（5）美好的印象。

2.（1）D　　　（2）G　　　（3）F　　　（4）C

3.（1）错　　　（2）对　　　（3）错　　　（4）错　　　（5）对

词语巩固

（1）C　　　（2）D　　　（3）B　　　（4）E　　　（5）A

主题四　社会组织

10　升学与未来工作

听力训练一

1.（1）美国人。

（2）香港。

（3）香港英国国际学校。

（4）申请进大学中文系学汉语。

2.（1）B　　（2）A　　（3）C　　（4）B
3.（1）错　　（2）对　　（3）错　　（4）错　　（5）对

听力训练二

1.（1）关于找家教的。
　（2）有爱心，也有耐心。
　（3）在学校教英语、在敬老院做义工。
　（4）英国。
　（5）中文。
2.（1）D　　（2）B　　（3）C　　（4）A　　（5）D
3.（1）A　　（2）B　　（3）F　　（4）G

词语巩固

　（1）C　　（2）F　　（3）D　　（4）I　　（5）G　　（6）A　　（7）B

11　学校生活

听力训练一

1.（1）没想过拿冠军，因为平时训练得不太多。
　（2）增加了自信心和克服困难的勇气。
　（3）很好，很热闹。
　（4）培养同学们的团队精神和互相鼓励、互相支持的好的风气。
　（5）希望他在明年的运动会上再创佳绩。
2.（1）B　　（2）A　　（3）D　　（4）B
3.（1）对　　（2）错　　（3）错　　（4）对　　（5）错

听力训练二

1.（1）第一次。
　（2）思考的方式和说话的方式。
　（3）原来不喜欢，现在很喜欢。
　（4）让大家的能力得到提升。
2.（1）A　　（2）B　　（3）D　　（4）C
3.（1）B　　（2）D　　（3）A　　（4）C

词语巩固

1.（1）B　　（2）C　　（3）A　　（4）C　　（5）D
2.（1）F　　（2）D　　（3）E　　（4）A　　（5）G

12　青少年成长

听力训练一

1.（1）和朋友在一起。
　　（2）最不能少的是朋友，因为当自己遇到挫折的时候，朋友会在心里陪伴着你，在心里为你祈祷、为你加油。
2.（1）上个星期　感人　艾滋病　好朋友　理解　友谊
　　（2）睡觉　附近　哭　友谊　朋友　孤独害怕　快乐　友谊
3.（1）B　　　（2）E　　　（3）F　　　（4）H

听力训练二

1.（1）青少年吸毒。
　　（2）作者居住地区的青少年。
　　（3）两个月。
　　（4）三个部分。
2.（1）B　　　（2）E　　　（3）D　　　（4）C　　　（5）A
3.（1）A　　　（2）C　　　（3）F

词语巩固

　　（1）A　　　（2）B　　　（3）D　　　（4）A　　　（5）B

主题五　全球问题

13　环境与健康

听力训练一

1.（1）爱护我们的地球。
　　（2）空调、冰箱、电视。
　　（3）大部分都是靠石油和煤等燃料来提供的。
　　（4）地球的温度越来越高。
　　（5）出门不关灯、停车不熄火。
　　（6）饮水机。
　　（7）下课后关灯、关空调。
2.（1）B　　　（2）D　　　（3）A　　　（4）E　　　（5）C
3.（1）C　　　（2）A　　　（3）C　　　（4）B　　　（5）D

听力训练二

1.（1）吸烟有害健康。
　（2）肺癌、心脏病、高血压、中风。（任何三个）
　（3）远离烟草。
2.（1）无烟日　20%　损害健康　男生　女生　不容忽视
　（2）每年　一万一千　第一　第一　三　3.2　三分之一
3.（1）错　　（2）对　　（3）错　　（4）对　　（5）错

词语巩固

1.（1）D　　（2）F　　（3）C　　（4）B　　（5）A　　（6）E
2.（1）他利用坐地铁的时间一边听歌一边看电子书，真是一举两得。
　（2）随手关灯、关闭水龙头都是举手之劳，值得提倡。
　（3）做事只要能持之以恒，总有一天会有收获。
　（4）全球变暖这一环境问题不容忽视。

14　城市与农村

听力训练一

1.（1）2009 年 11 月 5 日。
　（2）大眼睛。
　（3）1989 年 10 月。
　（4）20 年。
　（5）因为家庭贫困而失学的孩子。
2.（1）F　　（2）D　　（3）G　　（4）B
3.（1）D　　（2）B　　（3）A　　（4）B
4.（1）B　　（2）E　　（3）F

听力训练二

1.（1）H　　（2）J　　（3）F　　（4）C　　（5）E
　（6）A　　（7）G　　（8）I　　（9）D　　（10）B
2.（1）C　　（2）D　　（3）G　　（4）H

词语巩固

　（1）C　　（2）C　　（3）A　　（4）D　　（5）D

15 共享经济

听力训练

1.（1）共享单车、共享汽车、共享书店、共享篮球、共享雨伞。
（2）自行车王国。自行车是家家户户出行的必备交通工具。
（3）很便宜，甚至还有免费的。
2.（1）错　　（2）错　　（3）对　　（4）对　　（5）错

词语巩固

（1）B　　（2）D　　（3）E　　（4）F　　（5）A　　（6）C

视觉形象设计	靳刘高创意策略	
责任编辑	郭　杨	
版式设计	吴丹娜	
封面设计	桂诗雨	

书　　名　　优胜——IBDP 中文 B 听力基础训练（简体版）

　　　　　　To Win - IBDP Chinese B Listening Comprehension Skills

编　　著　　冯薇薇

出　　版　　**三联书店（香港）有限公司**

　　　　　　香港北角英皇道 499 号北角工业大厦 20 楼

　　　　　　Joint Publishing (H.K.) Co., Ltd.

　　　　　　20/F., North Point Industrial Building,

　　　　　　499 King's Road, North Point, Hong Kong

香港发行　　香港联合书刊物流有限公司

　　　　　　香港新界大埔汀丽路 36 号 3 字楼

印　　刷　　美雅印刷制本有限公司

　　　　　　香港九龙观塘荣业街 6 号 4 楼 A 室

版　　次　　2018 年 4 月香港第一版第一次印刷

规　　格　　16 开（170×240 mm）184 面

国际书号　　ISBN 978-962-04-4307-7

　　　　　　© 2018 Joint Publishing (H.K.) Co., Ltd.

　　　　　　Published & Printed in Hong Kong

　　　　　　封面图片 © 站酷海洛

　　　　　　内文插图 © 微图网、站酷海洛